# *La Grande Rébellion*

Par Samaël Aun Weor

**1975**

# SOMMAIRE

# Note de l'éditeur

Nous éditons les oeuvres de Samaël Aun Weor, l'Avatar de l'ère du Verseau, pour aider l'humanité sur son Chemin.

C'est pourquoi 100% des bénéfices liés à l'achat de ce livre sont utilisés pour aider notre prochain, dans différents domaines.

Par conséquent, nous vous remercions pour votre Don du Coeur envers votre Intime, et vos Frères et Soeurs de cette Grande Famille qu'est l'Humanité.

Pour toute question, remarque ou aide à la mise en pratique, n'hésitez pas à nous contacter via soutien@don-et-compassion.com

Nous recommandons fortement au lecteur d'étudier également, ou en premier lieu, le livre «Traité de Psychologie Révolutionnaire».

# 1. La Vie

Si incroyable que cela puisse paraître, il est très certain et véritable que cette civilisation moderne, tellement vantée, est affreusement laide, ne réunit pas les caractéristiques transcendantales du sens esthétique, et est dépourvue de beauté intérieure.

Nous présumons beaucoup trop de ces horribles édifices auxquels nous sommes habitués, qui semblent de véritables souricières.

Le monde est devenu terriblement abrutissant, toujours les mêmes rues, et partout ces horripilantes habitations.

Tout cela est devenu lassant, au Nord, au Sud, à l'Est et à l'Ouest du Monde.

C'est partout la même uniformité : horripilante, nauséabonde, stérile. Modernisme !, s'écrient les foules.

Nous avons l'air de véritables paons vaniteux avec les vêtements que nous portons et nos souliers très brillants, même si des millions de malheureux, affamés, mal nourris, misérables, circulent ici, là, partout.

La simplicité et la beauté naturelle, spontanée, ingénue, dépouillée d'artifices et de fard vaniteux ont disparu chez le sexe féminin. Maintenant on est moderne, ainsi est la vie.

Les gens sont devenus affreusement cruels : la charité s'est enrhumée et personne n'a pitié de personne.

Les vitrines des somptueux magasins éblouissent avec de luxueuses marchandises qui sont définitivement hors de portée des malheureux.

La seule chose que les parias de la vie peuvent faire, c'est de contempler les soies, les bijoux, les parfums aux luxueux flacons, etc. Regarder sans pouvoir toucher, supplice semblable à celui de Tantale.

Les gens de ces temps modernes sont devenus extrêmement grossiers. Le parfum de l'amitié et l'arôme de la sincérité ont disparu radicalement.

Les foules, surchargées d'impôts gémissent ; tout le monde a des problèmes, on nous doit et nous devons. Nous sommes traduits en justice et nous n'avons pas de quoi payer. Les préoccupations détruisent les cerveaux. Personne ne vit tranquillement.

Les bureaucrates, avec la courbe du bonheur dans leur ventre et un bon cigare à la bouche, sur quoi s'appuyer psychologiquement, spéculent et jonglent intellectuellement avec la politique sans que la douleur des peuples leur importe un tant soit peu.

À notre époque, personne n'est heureux et moins encore la classe moyenne, car celle-ci se trouve entre le marteau et l'enclume.

Riches et pauvres, croyants et incroyants, commerçants et mendiants, cordonniers et ferblantiers vivent seulement parce qu'il faut vivre, ils noient leurs tourments dans le vin et finissent par devenir drogués pour échapper à eux-mêmes.

Les gens sont devenus malicieux, de mauvaise foi, méfiants, astucieux, pervers ; personne ne croit plus en personne. On invente tous les jours de nouvelles conditions, des certificats, des limitations de tout genre, des documents, des titres, etc., et de toute façon tout ça ne sert à rien, les astucieux se moquent de ces sottises, ils ne paient pas, ils trompent la loi, même s'ils doivent aller en prison.

Aucun emploi ne procure de bonheur. Le sens du véritable amour s'est perdu et les gens se marient aujourd'hui pour divorcer demain.

L'unité des foyers s'est lamentablement perdue, la pudeur organique n'existe plus, le lesbianisme et l'homosexualité sont, à présent, plus courants que de se laver les mains.

En savoir un peu plus sur tout cela, essayer de connaître la cause de tant de pourriture, chercher, scruter, voilà certainement ce que nous nous proposons dans ce livre.

Je parle dans le langage de la vie quotidienne, désireux de savoir ce qui se cache derrière cette horripilante mascarade de l'existence.

Je suis en train de penser à haute voix, et que les fripouilles de l'intellect disent bien ce qu'elles veulent.

Les théories sont devenues ennuyeuses, et même, elles se vendent et se revendent au marché, et alors ?

Les théories ne servent qu'à nous occasionner des préoccupations et à nous rendre la vie encore plus amère.

Goethe dit, avec raison : « *Toute théorie est grise, et seul est vert l'arbre aux fruits d'or qui est la vie.* »

Les pauvres gens sont maintenant las de tant de théories. De nos jours, on parle beaucoup de pragmatisme, il nous faut être pratiques et connaître les causes réelles de nos souffrances.

# 2. La Réalité Crue des Faits

Des millions d'habitants d'Afrique, d'Asie et d'Amérique Latine pourraient bientôt mourir de faim.

Le gaz libéré par les aérosols peut en finir radicalement avec l'ozone de l'atmosphère terrestre.

Quelques savants pronostiquent que, pour l'an 2000, le sous-sol de la planète sera épuisé.

Les espèces maritimes sont en train de disparaître à cause de la pollution des mers, cela est amplement démontré.

Indubitablement, au rythme où nous allons, à la fin de ce siècle tous les habitants des grandes villes devront porter des masques à gaz pour se protéger de la fumée.

Si la contamination continue à ce rythme alarmant, d'ici peu il ne sera plus possible de manger du poisson : celui-ci, vivant dans les eaux totalement souillées, sera dangereux pour la santé.

Avant l'an 2000, il sera quasi-impossible de trouver une plage où l'on puisse se baigner dans de l'eau pure.

En raison d'une consommation et d'une exploitation sans mesure du sol et du sous-sol, dans peu de temps les terres ne pourront plus produire les éléments agricoles nécessaires pour l'alimentation des gens.

« L'Animal Intellectuel », erronément appelé homme, à force de polluer les mers avec tant d'immondices, d'empoisonner l'air avec la fumée des autos et des usines, de détruire la Terre avec ses explosions atomiques souterraines, et par l'abus de produits préjudiciables pour l'écorce terrestre, a soumis la planète Terre à une longue et effrayante agonie qui va se terminer par une grande catastrophe.

Le monde pourra difficilement franchir le seuil de l'an 2000, car l'animal intellectuel est en train de détruire à toute vitesse son milieu naturel.

Le « Mammifère Rationnel », improprement appelé homme, s'obstine à détruire la Terre, il veut la rendre inhabitable, et sans aucun doute il est en train d'y parvenir.

En ce qui concerne les mers, il est ostensible qu'elles ont été converties, par toutes les nations de la Terre, en une espèce de grand dépotoir.

Soixante pour cent des déchets du monde entier sont déversés dans chacune des mers.

D'énormes quantités de pétrole, d'insecticides de toutes sortes, de nombreuses substances chimiques, des gaz vénéneux, des gaz neurotoxiques, des détergents, etc., anéantissent jour après jour toutes les espèces vivantes de l'océan.

Les oiseaux maritimes et le plancton, si indispensable à la vie, sont détruits systématiquement.

Il est incontestable que l'annihilation du plancton maritime est d'une gravité incalculable, parce que ce micro-organisme produit soixante pour cent de l'oxygène terrestre.

Grâce à la recherche scientifique, on a pu constater que certaines parties des océans Atlantique et Pacifique se trouvent déjà contaminées par des résidus radioactifs provenant des explosions atomiques.

Dans différentes métropoles du monde, et spécialement en Europe, l'eau douce que l'on boit est éliminée, puis dépurée, pour être bue de nouveau.

Dans les grandes villes « supercivilisées », l'eau servie à table est passée plusieurs fois par des organismes humains.

Dans la ville de Cúcuta (République de Colombie, Amérique du Sud) les habitants sont obligés de boire les eaux noires et immondes de la rivière qui charrie toutes les cochonneries provenant de Pampelune.

Je fais ici clairement allusion à la rivière « Pamplonita » qui a été tellement néfaste pour la « Perle du Nord » (Cúcuta).

Heureusement, il existe maintenant un autre aqueduc qui fournit la ville, mais, malgré cela, la plupart des gens doivent encore boire les eaux noires de la rivière Pamplonita.

D'énormes filtres, des machines géantes, des substances chimiques, essayent de purifier les eaux noires des grandes villes européennes, mais les épidémies continuent de se propager à travers ces eaux noires immondes qui ont passé tant de fois par les organismes humains.

De fameux bactériologues ont trouvé, dans « l'eau potable » des grandes capitales, toutes sortes de virus, colibacilles pathogènes, bactéries de tuberculose, typhus, vérole, des larves, etc.

Et si incroyable que cela puisse paraître, on a trouvé dans les établissements mêmes chargés de purifier l'eau, des virus du vaccin antipoliomyélite.

D'autre part, le gaspillage d'eau est épouvantable. Les scientifiques modernes affirment que pour l'année 1990 « l'humanoïde rationnel » mourra de soif.

Le pire de tout cela, c'est que les réserves souterraines d'eau douce se trouvent en danger en raison des abus de l'animal intellectuel.

L'exploitation frénétique des puits de pétrole est fatale. Le pétrole, extrait de l'intérieur de la terre, traverse les eaux souterraines et les contamine.

Le pétrole a donc rendu imbuvables pour plus d'un siècle les eaux souterraines de la terre.

Il va sans dire que le résultat de tout cela a été la mort d'un grand nombre de végétaux et même de personnes.

Maintenant, parlons un peu de l'air, si indispensable pour la vie des créatures.

À chaque aspiration ou inhalation, les poumons prennent un demi-litre d'air, soit quelque douze mètres cubes par jour. En multipliant cette quantité par les 4,5 milliards d'habitants que la Terre possède, nous obtenons la quantité exacte d'oxygène que l'humanité entière consomme chaque jour, sans compter celui que prennent les autres créatures animales qui peuplent la face de la Terre.

La totalité de l'oxygène que nous inhalons se trouve dans l'atmosphère et provient du plancton que nous sommes en train de détruire par la contamination, et aussi de l'activité photosynthétique des végétaux. Malheureusement, les réserves d'oxygène sont déjà sur le point de s'épuiser.

Le mammifère rationnel, erronément appelé homme, au moyen de ses innombrables industries, diminue d'une manière continuelle la quantité de radiation solaire, tellement nécessaire et indispensable à la photosynthèse. Voilà pourquoi la quantité d'oxygène que les plantes produisent actuellement est bien moindre qu'au cours du siècle dernier.

Le plus grave de toute cette tragédie mondiale est que l'animal intellectuel continue à infecter les mers, à détruire le plancton et à ravager la végétation.

L'animal rationnel continue à détruire d'une manière lamentable ses sources d'oxygène.

Le « smog » que « l'humanoïde rationnel » jette constamment dans l'air, en plus de tuer, met en danger la vie de la planète Terre.

Le smog, non seulement annihile les réserves d'oxygène, mais aussi, est en train de tuer les gens.

Le smog est à l'origine de bizarres et dangereuses maladies, impossibles à soigner, cela est maintenant démontré.

Le smog empêche l'entrée de la lumière solaire et des rayons ultraviolets, provoquant par là de graves désordres dans l'atmosphère.

Nous approchons d'une ère d'altérations climatiques, de glaciation, d'avance des glaces polaires vers l'équateur, de cyclones épouvantables, de tremblements de terre, etc.

En raison, non pas de l'utilisation, mais de l'abus de l'énergie électrique, en l'an 2000 il fera plus chaud dans certaines régions de la planète Terre, ce qui contribuera au processus de révolution de l'axe de la Terre.

Bientôt, les pôles constitueront l'Équateur, et ce dernier deviendra les pôles.

Le dégel des pôles a commencé, et un nouveau déluge universel s'en vient, précédé par le feu.

Dans les prochaines décennies le dioxyde de carbone se multipliera ; et alors cet élément chimique formera une épaisse couche dans l'atmosphère de la Terre.

Un tel filtre absorbera très mal la radiation thermique et agira comme une serre de fatalités.

Le climat de la Terre deviendra plus chaud dans beaucoup d'endroits et la chaleur fera fondre la glace des pôles en faisant monter le niveau des océans d'une manière effrayante.

Situation extrêmement grave, le sol fertile est en train de disparaître, et il naît chaque jour deux cent mille personnes qui ont besoin de nourriture.

La catastrophe mondiale de la famine qui s'approche, sera certainement épouvantable ; et elle est déjà aux portes.

Actuellement, il y a 40 millions de personnes qui meurent de faim chaque année, par manque d'aliments.

La criminelle industrialisation des bois et l'exploitation impitoyable des mines et du pétrole sont en train de convertir la Terre en un désert.

S'il est certain que l'énergie nucléaire est mortelle pour l'humanité, il n'est pas moins vrai qu'actuellement existent aussi des « Rayons de la Mort », des « Bombes Microbiennes » et beaucoup d'autres produits terriblement destructeurs et malfaisants, inventés par les scientifiques.

Incontestablement, pour obtenir l'énergie nucléaire, il faut de grandes quantités de chaleur, difficile à contrôler et pouvant à n'importe quel moment engendrer une catastrophe.

Pour obtenir l'énergie nucléaire on a besoin d'énormes quantités de minéraux radioactifs, dont on n'utilise que trente pour cent seulement, ce qui entraîne que le sous-sol de la Terre s'épuise rapidement.

Les déchets atomiques qui sont évacués dans le sous-sol s'avèrent extrêmement dangereux. Il n'existe pas d'endroit sûr pour les déchets atomiques.

Si les gaz d'une poubelle atomique arrivaient à s'échapper, des millions de personnes mourraient.

La contamination des aliments et des eaux entraîne des altérations génétiques et des monstres humains : des créatures qui naissent déformées et monstrueuses.

Avant l'an 1999, il y aura un grave accident nucléaire qui causera une véritable panique.

Certainement, l'humanité ne sait pas vivre. Elle a épouvantablement dégénéré et s'est franchement précipitée à l'abîme.

Le plus grave, c'est que les facteurs de cette désolation : famines, guerres, destruction de la planète où nous vivons, etc., se trouvent au-dedans de nous-mêmes, nous les charrions dans notre intérieur, dans notre psychisme.

# 3. Le Bonheur

Les gens travaillent tous les jours, luttent pour survivre, veulent exister d'une manière ou d'une autre, mais ils ne sont pas heureux.

Cette histoire du bonheur « c'est du chinois », comme on dit. Le plus grave c'est que les gens le savent et pourtant, au milieu de tant d'amertumes, ils ne semblent pas perdre l'espoir d'atteindre un jour le bonheur, sans savoir comment, ni de quelle manière.

Pauvres gens !, combien ils souffrent !, et cependant ils veulent vivre, ils ont peur de perdre la vie.

Si les gens comprenaient quelque chose du livre Psychologie Révolutionnaire, ils penseraient probablement d'une manière différente ; mais en vérité ils ne savent rien, ils veulent survivre au milieu de leur misère et c'est tout.

Il existe des moments plaisants et très agréables, mais ce n'est pas le bonheur ; et les gens confondent le plaisir avec le bonheur.

La « bombance », les grosses fêtes, les soûleries, les orgies, c'est du plaisir bestial mais non pas le bonheur.

Il y a cependant de petites fêtes, des réjouissances saines, sans soûleries, sans bestialités, sans alcool, etc., mais ce n'est pas non plus le bonheur.

Tu es une personne aimable ? Comment te sens-tu lorsque tu danses ? Tu es amoureux ? Aimes-tu vraiment ? Comment te sens-tu quand tu danses avec l'être adoré ? Permets-moi de paraître un peu cruel en ce moment, pour te dire que tout cela n'est pas non plus le bonheur.

Si tu es déjà vieux, si ces plaisirs-là ne t'attirent plus, s'ils te semblent aussi désagréables qu'une blatte, excuse-moi si je te dis que si tu étais jeune et plein d'illusions tu serais différent.

De toute manière, que l'on dise ce qu'on veuille, que tu danses ou que tu ne danses pas, amoureux ou non, que tu aies ou non ce qu'on appelle de l'argent, tu n'es pas heureux, même si tu penses le contraire.

On passe sa vie à chercher le bonheur partout, et on meurt sans l'avoir trouvé.

En Amérique Latine, il y a beaucoup d'individus qui ont l'espoir de remporter un jour le gros lot de la loterie ; ils croient qu'ils vont obtenir ainsi le bonheur si ardemment désiré.

Quand on est jeune, on rêve d'une femme idéale, de quelque princesse des « Mille-et-une-Nuits » ; de quelque chose d'extraordinaire. Mais vient ensuite la crue réalité des faits : une femme et des petits-enfants qu'il faut entretenir, des problèmes économiques difficiles à résoudre, etc.

Il n'y a pas de doute qu'au fur et à mesure que les enfants grandissent les problèmes grandissent aussi et deviennent même insolubles.

Selon que le garçon ou la fille grandissent, les souliers sont toujours plus grands, de même que leur prix, cela va de soi.

À mesure que les enfants croissent, les vêtements sont toujours de plus en plus chers. S'il y a de l'argent, pas de problème, mais s'il n'y en a pas, la chose est grave et on souffre horriblement.

Tout cela serait plus ou moins supportable si l'on avait une bonne épouse, mais si le pauvre homme est trahi, lorsqu'on lui « met des cornes », à quoi cela peut-il servir de lutter comme il peut pour obtenir de l'argent ?

Malheureusement, il existe des cas extraordinaires, des femmes merveilleuses, de vraies compagnes aussi bien dans l'opulence que dans le malheur, mais, pour comble, leur mari ne sait pas les apprécier et ces hommes en viennent même à les abandonner pour des femmes qui vont leur rendre la vie amère.

Nombreuses sont les filles qui rêvent d'un prince charmant ; malheureusement les choses tournent très différemment et, en fait, la pauvre femme se marie avec un bourreau.

La plus grande illusion d'une femme est son désir d'avoir un beau foyer et d'être mère : « sainte prédestination ! » Cependant, même si le mari se révèle très bon, chose certes très difficile, en fin de compte tout finit par s'écrouler : les fils et les filles se marient, s'en vont, ou bien ils paient d'ingratitude leurs parents, et le foyer est définitivement brisé.

Bref : dans ce monde cruel où nous vivons, il n'existe pas de gens heureux. Tous les pauvres êtres humains sont malheureux.

Dans la vie nous avons connu un grand nombre de « mules » chargées d'argent, et qui sont accablés de problèmes et de querelles de toutes sortes, surchargés d'impôts, etc. Ils ne sont pas heureux.

À quoi sert d'être riche si l'on n'a pas la santé ? Pauvres riches !, ils sont parfois plus malheureux que le dernier des mendiants.

Tout passe dans cette vie : tout passe, les choses, les personnes, les idées, ceux qui ont de l'argent, de même que ceux qui n'en ont pas, et personne ne connaît le bonheur authentique.

Beaucoup veulent échapper à eux-mêmes, au moyen des drogues ou de l'alcool. En réalité, non seulement ils ne réussissent pas cette évasion, mais, ce qui est pire, ils restent accrochés dans l'enfer du vice.

Les amis de l'alcool, de la marihuana, du « L.S.D. », etc., disparaissent comme par enchantement lorsque le vicieux se décide à changer de vie.

Ce n'est pas en se fuyant « Soi-même » que l'on atteint le bonheur. On aurait plutôt intérêt à prendre le « taureau par les cornes », observer le « Moi », à l'étudier dans le but de découvrir les causes de la douleur.

Quand on découvre les causes véritables de tant de misères et d'amertumes, il n'y a aucun doute qu'on peut alors faire quelque chose.

Si on réussit à en finir avec le « Moi-même », avec « Mes soûleries », « Mes vices », « Mes affects » qui me causent tellement de douleur dans le cœur, avec « Mes préoccupations » qui me détruisent le cerveau et me rendent malade, etc., il est clair qu'alors survient ce qui est au-delà du temps, ce qui est au-delà du corps, des affects et du mental, ce qui est vraiment inconnu pour l'entendement et qui s'appelle le BONHEUR !

Incontestablement, tant que la conscience continuera à être embouteillée, enfermée dans le moi-même, on ne pourra connaître la légitime félicité.

Le bonheur a une saveur que le « moi-même » n'a jamais connue.

# 4. La Liberté

Le sens de la liberté est quelque chose qui n'a pas été compris par l'humanité.

Sur le concept de liberté, posé toujours d'une manière plus ou moins erronée, on a commis de très graves erreurs.

Certainement on se bat pour un mot, on tire des déductions absurdes, on commet des outrages de tous genres et le sang coule sur les champs de bataille.

Le mot liberté est fascinant, il plaît à tout le monde, et cependant on n'a pas de lui une véritable et totale compréhension, il y a beaucoup de confusion autour de ce mot. Il est impossible de trouver une douzaine de personnes qui définissent le mot liberté de la même façon.

Le terme liberté ne peut, en aucune façon, être compréhensible pour le rationalisme subjectif.

Chacun a, sur ce terme, des idées différentes : opinions subjectives dépourvues de toute réalité objective.

Quand on pose la question de la liberté, il y a alors dans chaque esprit de l'incohérence, de l'ambiguïté, de l'imprécision, de l'incongruité.

Je suis sûr que même Emmanuel Kant, l'auteur de la « Critique de la raison pure » et de la « Critique de la raison pratique », n'analysa jamais ce mot pour lui donner son sens exact.

Liberté, belle parole, beau terme, combien de crimes ont été commis en son nom !

Indubitablement, le terme liberté a hypnotisé les foules ; les montagnes et les vallées, les rivières et les mers, se sont teints de sang devant la conjuration de cette parole magique.

Combien de sang a été répandu, combien de drapeaux et combien de héros se sont succédé dans le cours de l'histoire, chaque fois qu'on a mis sur le tapis de la vie la question de la liberté.

Malheureusement, après toute indépendance, obtenue à si haut prix, l'esclavage subsiste toujours au-dedans de chaque personne.

Qui est libre ? Qui a atteint la fameuse liberté ? Combien se sont émancipés ?

L'adolescent aspire à la liberté. Il paraît incroyable qu'ayant du pain à satiété, un abri, un refuge, il veuille s'enfuir de la maison paternelle en quête de liberté.

Il s'avère incongru que le jeune qui a tout chez lui veuille s'évader, fuir, s'éloigner de la maison, fasciné par le terme liberté. Il est étrange qu'en jouissant de toutes sortes de commodités dans un foyer heureux, on veuille perdre ce qu'on a pour voyager par ces terres du monde et s'engloutir dans la douleur.

Que le malheureux, le paria de la vie, le mendiant, aspire vraiment à s'éloigner de sa baraque, de son taudis, dans le but d'obtenir quelque changement pour sa vie, c'est tout à fait correct, mais que l'enfant choyé, le jeune « bien né » cherche à fuir, à s'échapper, cela s'avère incongru, voire même absurde, et pourtant c'est ainsi ; le mot liberté fascine, enchante, quoique personne ne sache le définir de façon précise.

Qu'une jeune fille veuille la liberté, qu'elle aspire à changer de maison, qu'elle désire se marier pour s'affranchir du foyer paternel et mener une vie meilleure, s'avère, en un certain sens, logique, parce qu'elle a le droit d'être mère ; cependant, aussitôt en ménage elle se rend compte qu'elle n'est pas libre et qu'elle devra continuer, avec résignation, à porter les chaînes de l'esclavage.

L'employé, fatigué de tant de contraintes, se veut libre et s'il réussit à s'affranchir de sa dépendance, il se trouve devant ce problème qu'il continue à être esclave de ses propres intérêts et préoccupations.

Certainement, chaque fois qu'on lutte pour la liberté, on se retrouve déçu malgré les victoires.

Tellement de sang a coulé inutilement au nom de la liberté, et nous n'en continuons pas moins à être esclaves de nous-mêmes et des autres.

Les gens se battent pour des mots qu'ils ne comprennent jamais, même si les dictionnaires les expliquent grammaticalement.

La liberté est quelque chose qu'il faut trouver au-dedans de soi-même. Personne ne peut l'obtenir en dehors de lui-même.

« Chevaucher l'air » est une expression très orientale qui allégorise le sens de l'authentique liberté.

Personne ne pourrait en réalité expérimenter la liberté si sa conscience continuait à être embouteillée dans le « moi-même », dans le « soi-même ».

Il est urgent de comprendre ce moi-même, ma personne, ce que je suis, si l'on veut très sincèrement obtenir la liberté.

En aucune façon, ne pourrons-nous abolir les fers de l'esclavage, si nous n'avons pas compris au préalable toute cette question du « moi », tout ce qui se rattache au « moi », au « moi-même ».

En quoi consiste l'esclavage ? Qu'est-ce qui nous retient esclaves ? Quelles sont ces entraves ? Voilà tout ce qu'il nous faut découvrir.

Riches et pauvres, croyants et sceptiques, tous sont formellement emprisonnés, bien qu'ils se considèrent libres.

Tant que la conscience, l'essence, c'est-à-dire ce qu'il y a en nous de plus digne, continuera à être embouteillé dans le soi-même, dans le moi-même, dans mes appétits et mes peurs, dans mes désirs et mes passions, dans mes soucis et mes violences, dans mes défauts psychologiques, on sera formellement en prison.

Le sens de la liberté ne peut être compris intégralement que lorsque les fers de notre propre prison psychologique ont été détruits.

Tant que le « moi-même » existera, la conscience sera en prison. Le seul moyen pour s'évader de la prison, c'est l'annihilation bouddhiste, en dissolvant le moi, en le réduisant en cendres, en poussière cosmique.

La conscience libre, dépourvue de moi, en l'absence absolue du moi-même, sans désir, sans passion, sans appétence ni crainte, expérimente de façon directe la véritable liberté.

N'importe quel concept sur la liberté n'est pas la liberté. Les opinions que nous formulons sur la liberté sont très loin d'être conformes à la réalité. Les idées que nous forgeons sur le thème de la liberté, n'ont rien à voir avec l'authentique liberté.

La liberté, c'est quelque chose que nous devons expérimenter de façon directe, et ceci n'est possible qu'en mourant psychologiquement, en dissolvant le moi, en en finissant pour toujours avec le moi-même.

Cela ne sert à rien de continuer à rêver de liberté si, de toute façon, nous continuons à vivre comme des esclaves.

Mieux vaut nous voir tels que nous sommes, observer soigneusement toutes ces chaînes de l'esclavage qui nous maintiennent formellement en prison.

En nous connaissant nous-mêmes, en voyant ce que nous sommes intérieurement, nous découvrons la porte de l'authentique Liberté.

# 5. La Loi du Pendule

Il s'avère intéressant d'avoir une horloge à balancier à la maison, non seulement pour savoir l'heure, mais aussi pour réfléchir un peu.

Sans le pendule, l'horloge ne fonctionne pas ; le mouvement du pendule est profondément significatif.

Dans l'antiquité le dogme de l'évolution n'existait pas. Alors, les savants comprenaient que les processus historiques se développent toujours selon la Loi du Pendule.

Tout flue et reflue, monte et descend, croît et décroît, va et vient, en accord avec cette Loi merveilleuse.

Il n'y a rien d'extraordinaire dans le fait que tout oscille, que tout soit soumis au va-et-vient du temps, que tout évolue et involue.

À une extrémité du mouvement pendulaire se trouve la joie, à l'autre la douleur. Toutes nos émotions, pensées, convoitises, aspirations, désirs, etc., oscillent en accord avec la Loi du Pendule.

Espoir et désespoir, pessimisme et optimisme, passion et douleur, triomphe et échec, profits et pertes, correspondent assurément aux deux extrêmes du mouvement pendulaire.

L'Égypte a surgi avec toute sa puissance et sa majesté aux bords du fleuve sacré, puis le pendule alla de l'autre côté, à l'opposé, et le pays des pharaons tomba, et alors se leva Jérusalem, la ville chérie des Prophètes.

Israël tomba, quand le pendule changea de position, et à l'extrémité opposée surgit l'Empire Romain.

Le mouvement pendulaire élève et abat les empires, fait surgir de puissantes civilisations pour ensuite les détruire, etc.

Nous pouvons placer à l'extrême droite du pendule les diverses écoles pseudo-ésotériques et pseudo-occultistes, les religions et les sectes.

Nous pouvons placer à l'extrême gauche du mouvement pendulaire toutes les écoles de type matérialiste, marxiste, athéiste, sceptique, etc. Voilà les deux antithèses du mouvement pendulaire, changeantes, sujettes à des permutations incessantes.

Le religieux fanatique, à cause d'une déception ou de n'importe quel évènement insolite, peut aller à l'autre extrémité du pendule et devenir athée, un matérialiste, un sceptique.

Le matérialiste fanatique, athée, par l'effet de quelque circonstance inusitée, peut-être un évènement métaphysique transcendantal ou un moment de terreur indicible, peut aller à l'extrême opposé du mouvement pendulaire et se convertir en un réactionnaire religieux insupportable.

Exemples : un curé vaincu dans une polémique par un ésotériste, devint, dans le désespoir, incrédule et matérialiste.

Nous avons connu le cas d'une dame, athée, et incrédule, qui, grâce à une expérience métaphysique concluante et décisive, devint un exemple magnifique d'ésotérisme pratique.

Au nom de la vérité, nous devons déclarer que l'athée, le matérialiste véritable et absolu n'est qu'une farce, cela n'existe pas.

À l'approche d'une mort inévitable, devant un instant d'indicible terreur, les ennemis de l'Éternel, les matérialistes et les incrédules, passent instantanément à l'autre extrême du pendule pour se mettre à pleurer, prier et supplier avec une foi infinie et une énorme dévotion.

Karl Marx lui-même, l'auteur du « Matérialisme Dialectique », fut un fanatique religieux juif et, après sa mort, on lui réserva les pompes funèbres d'un grand Rabbin.

Karl Marx élabora sa Dialectique Matérialiste dans un seul but : **« Créer une arme pour détruire toutes les religions du monde au moyen du scepticisme. »**

C'est un cas typique de jalousie religieuse poussée à l'extrême. En aucune façon Marx ne pouvait accepter l'existence d'autres religions, et il a préféré les détruire au moyen de sa dialectique.

Karl Marx exécuta un des Protocoles de Sion qui dit textuellement : *« Peu importe que nous remplissions le monde de matérialisme et de répugnant athéisme ; le jour où nous triompherons nous enseignerons la religion de Moïse dûment codifiée et de façon dialectique, et nous ne permettrons aucune autre religion dans le monde. »*

Il s'avère très intéressant de savoir qu'en Union Soviétique les religions sont persécutées et qu'on enseigne la dialectique matérialiste au peuple pendant que dans les synagogues on étudie le Talmud, la Bible et la religion et qu'on y travaille tranquillement, sans aucun problème.

Les chefs du gouvernement Russe sont des religieux fanatiques de la Loi de Moïse, et pourtant ils empoisonnent le peuple avec la farce du matérialisme dialectique.

Nous ne nous prononcerions jamais contre le peuple d'Israël ; nous nous élevons seulement contre une certaine élite au double jeu qui, tout en poursuivant des buts inavouables, empoisonne le peuple avec la dialectique matérialiste tandis qu'en secret elle pratique la religion de Moïse.

Matérialisme et spiritualisme, avec toute leur séquelle de théories, de préjugés et d'idées préconçues, se développent dans le mental selon la Loi du Pendule et en suivant les changements de la mode, les temps et les coutumes.

Esprit et Matière sont deux concepts très discutables et épineux que personne ne comprend.

Le mental ne sait rien de l'Esprit, il ne sait rien non plus sur la matière.

Un concept n'est rien de plus que cela, un concept. La réalité n'est pas un concept bien que l'on puisse forger beaucoup de concepts sur la réalité.

L'Esprit est l'Esprit, l'Être, et lui seul peut se connaître lui-même.

Il est écrit : *« L'Être est l'Être, et la raison d'être de l'Être est ce même Être. »*

Les fanatiques du « Dieu Matière », les scientifiques du matérialisme dialectique sont empiriques et absurdes à cent pour cent. Ils parlent de matière avec une suffisance éblouissante et stupide alors qu'en réalité ils n'en connaissent rien.

Qu'est-ce que c'est que la matière ? Lequel de ces sots scientifiques le sait ? Cette matière tant vantée est encore un concept très discutable et assez épineux.

Lequel est la matière ? Le coton ? Le fer ? La viande ? L'amidon ? Une pierre ? Le cuivre ? Un nuage, ou quelle autre chose ? Dire que tout est matière serait aussi irréaliste et absurde que d'affirmer que tout l'organisme humain est un foie, ou un cœur ou un rein. Évidemment une chose est une chose et une autre chose est une autre chose. Chaque organe est différent et chaque substance est distincte, alors, laquelle de toutes ces substances est cette matière tellement vantée ?

Beaucoup de monde joue avec les concepts du pendule mais en réalité les concepts ne sont pas la réalité.

Le mental connaît seulement des formes illusoires de la nature, mais il ne sait rien de la vérité contenue dans ces formes.

Les théories passent de mode avec le temps et les années, et ce qu'on a appris à l'école, bientôt ne sert plus. Conclusion : Personne ne sait rien.

Les concepts de l'extrême droite comme ceux de l'extrême gauche du pendule, passent comme les modes des femmes ; tous ces concepts sont des processus du mental, des choses qui s'agitent à la surface de l'entendement, sottises et vanités de l'intellect.

À n'importe quelle discipline psychologique s'oppose une autre discipline, à chaque processus psychologique logiquement structuré s'en oppose un autre semblable. Qu'en est-il donc de tout cela ?

Le réel, la vérité, voilà ce qui nous intéresse, mais cela n'a rien à voir avec le pendule, cela ne se trouve pas dans le va-et-vient des théories et croyances.

La vérité c'est l'inconnu seconde après seconde, d'un instant à l'autre.

La vérité est au centre du pendule, ni à l'extrême droite ni non plus à l'extrême gauche.

Lorsqu'on demanda à Jésus : « Qu'est-ce que la Vérité ? », il garda un profond silence ; et quand on posa la même question au Bouddha, il tourna le dos et s'éloigna.

La vérité n'est pas une question d'opinion, ni de théories, ni de préjugés d'extrême gauche ou d'extrême droite.

Le concept que le mental peut élaborer sur la vérité n'est jamais la vérité.

L'idée que l'entendement a de la vérité n'est absolument pas la vérité.

L'opinion que nous avons sur la vérité, si respectable qu'elle soit, n'est en aucune façon la vérité.

Aucun des courants spiritualistes ou de leurs adversaires matérialistes ne pourra jamais nous conduire à la vérité.

La vérité est quelque chose qui doit être expérimenté d'une manière directe, comme lorsqu'on met le doigt sur le feu et qu'on se brûle, ou quand on avale de l'eau et qu'on se noie.

Le centre du pendule est au-dedans de nous-mêmes, et c'est là que nous devons découvrir et expérimenter de manière directe le réel, la vérité.

Nous devons nous « autoexplorer » directement pour nous autodécouvrir, et nous connaître nous-mêmes profondément.

L'expérience de la vérité ne survient que lorsque nous avons éliminé les éléments indésirables dont l'ensemble constitue le moi-même.

Ce n'est qu'en éliminant l'erreur, que la vérité vient. Ce n'est qu'en désintégrant le « Moi-même » : mes fautes, mes préjugés, mes peurs, mes passions et mes désirs, mes croyances et mes fornications, mon entêtement intellectuel, mon autosuffisance sous toutes ses formes, ce n'est qu'ainsi qu'advient l'expérience du réel.

La vérité n'a rien à voir avec ce qu'on a dit ou voulu dire, avec ce qu'on a écrit ou laissé écrire ; elle surgit dans notre intérieur seulement quand le « moi-même » est mort.

Le mental ne peut chercher la vérité parce qu'il ne la connaît pas. Le mental ne peut reconnaître la vérité, parce qu'il ne l'a jamais connue. La vérité vient à nous de manière spontanée quand nous avons éliminé tous les éléments indésirables qui constituent le moi-même, le Moi.

Tant que la conscience continuera à être embouteillée dans le moi-même, elle ne pourra pas éprouver ce qui est le réel, ce qui est au-delà du corps, des affects et du mental, ce qui est la vérité.

Lorsque le moi-même est réduit en poussière cosmique, la conscience se libère pour s'éveiller définitivement et expérimenter de façon directe la vérité.

C'est avec raison que le grand Kabire Jésus a dit :
*« Connaissez la vérité et elle vous rendra libres. »*

À quoi sert à l'homme de connaître cinquante mille théories s'il n'a jamais eu l'expérience de la vérité ?

Le système intellectuel de n'importe quel homme est très respectable, mais à un système quelconque s'en oppose un autre, et ni l'un, ni l'autre, ne sont la Vérité.

Mieux vaut s'autoexplorer pour s'autoconnaître et parvenir à expérimenter un jour, d'une manière directe, le réel, la vérité.

# 6. Concept et Réalité

Qui ou quoi peut garantir que le concept et la réalité soient absolument égaux ?

Le concept est une chose et la réalité en est une autre, et il existe une tendance à surestimer nos propres concepts.

Il est quasi impossible que la réalité soit égale au concept : néanmoins, le mental, hypnotisé par son propre concept, suppose toujours que celui-ci et la réalité sont équivalents.

À un processus psychologique quelconque, correctement structuré au moyen d'une logique exacte, s'en oppose un autre différent, rigoureusement formulé à l'aide d'une logique semblable ou supérieure. Et alors ?

Deux intellects sévèrement disciplinés et encadrés par de fermes structures intellectuelles, polémiquant entre eux, discutant sur une réalité quelconque, croient chacun en l'exactitude de leur propre concept et en la fausseté du concept d'autrui ; mais lequel d'entre eux a raison ? Qui pourrait honnêtement être garant de l'une ou l'autre assertion ? Chez qui concept et réalité sont-ils identiques ?

Incontestablement, chaque tête est un monde et au-dedans de tous et chacun de nous existe une espèce de dogmatisme tranchant et dictatorial qui veut nous faire croire en l'égalité absolue de concept et réalité.

Si fortes que soient les structures d'un raisonnement, personne ne peut garantir l'équivalence absolue du concept et de la réalité.

Ceux qui sont eux-mêmes enfermés dans un procédé quelconque de logistique intellectuelle veulent toujours faire coïncider la réalité des phénomènes avec les concepts élaborés. Et cela n'est rien de plus que le résultat de l'hallucination du raisonnement.

S'ouvrir au nouveau, c'est la facilité difficile des classiques ; malheureusement les gens veulent découvrir, voir dans tout phénomène naturel, leurs propres préjugés, concepts, préconceptions, opinions et théories. Personne ne sait être réceptif, voir le nouveau avec un mental propre et spontané.

Le mieux serait que les phénomènes parlent au savant ; malheureusement les savants de nos jours ne savent pas voir les phénomènes, ils veulent y voir seulement la confirmation de toutes leurs idées préconçues.

Bien que cela semble incroyable, les scientifiques modernes ne savent rien sur les phénomènes naturels.

Quand, dans les phénomènes naturels, nous voyons seulement nos propres concepts, nous ne voyons certainement pas les phénomènes, mais les concepts.

Cependant, les sots scientifiques, hallucinés par leur fascinant intellect, croient de manière stupide que chacun de leurs concepts est absolument pareil à tel ou tel phénomène observé, alors que la réalité est différente.

Nous ne nions pas que nos affirmations soient rejetées par quiconque s'est enfermé dans quelque procédé logistique ; indubitablement la condition dictatoriale et dogmatique de l'intellect ne pourrait en aucune façon accepter que tel ou tel concept correctement élaboré ne coïncide pas exactement avec la réalité.

Dès que le mental observe à travers les sens quelque phénomène, il s'empresse aussitôt de l'étiqueter avec un terme scientifique qui, à la manière d'un cataplasme, ne sert incontestablement qu'à dissimuler sa propre ignorance.

Le mental ne sait vraiment pas être réceptif au nouveau, mais il sait inventer des termes très compliqués avec lesquels il prétend qualifier d'une manière autotrompeuse ce qu'il ignore absolument.

En parlant cette fois-ci à la manière de Socrate, nous dirons que le mental non seulement ignore, mais en plus il ne sait pas qu'il ignore.

Le mental moderne est terriblement superficiel, il s'est spécialisé dans l'invention de termes très savants pour cacher sa propre ignorance.

Il existe deux sortes de science : la première n'est plus que cette pourriture de théories subjectives qui abondent partout. La seconde, c'est la science pure des grands illuminés, la Science Objective de l'Être.

Il ne serait indubitablement pas possible de pénétrer dans l'amphithéâtre de la science cosmique si avant nous n'étions pas morts en nous-mêmes.

Il nous faut désintégrer tous ces éléments indésirables que nous charrions en nous-mêmes et dont l'ensemble constitue le soi-même, le Moi de la Psychologie.

Tant que la conscience superlative de l'Être continuera à être embouteillée dans le moi-même, dans *mes* propres concepts et théories subjectives, il sera absolument impossible de connaître directement la réalité crue des phénomènes naturels en eux-mêmes.

La clé du laboratoire de la nature est dans la main droite de l'Ange de la mort.

Nous pouvons apprendre très peu du phénomène de la naissance, mais de la mort nous pourrons tout apprendre.

Le temple inviolé de la Science Pure se trouve au fond de la noire sépulture.

Si le grain ne meurt, la plante ne naît pas. C'est seulement avec la mort qu'advient le nouveau.

Lorsque l'Ego meurt, la conscience s'éveille pour voir la réalité de tous les phénomènes de la nature, tels qu'ils sont en eux-mêmes et par eux-mêmes.

La conscience connaît ce qu'elle éprouve directement par elle-même lorsqu'elle expérimente la réalité crue de la vie au-delà du corps, des affects et du mental.

# 7. La Dialectique de la Conscience

Dans le travail ésotérique qui se rapporte à l'élimination des éléments indésirables que nous charrions dans notre intérieur, surgit parfois l'ennui, la fatigue, la lassitude.

C'est pourquoi il nous faut toujours retourner au point de départ originel et revaloriser les fondements du travail psychologique, si nous aspirons réellement à un changement radical.

Aimer le travail ésotérique est indispensable si, en vérité, l'on veut une transformation intérieure complète.

Tant que nous n'aimons pas le travail psychologique qui conduit au changement, la réévaluation des principes s'avère une chose tout à fait impossible.

Il serait absurde de supposer que nous puissions nous intéresser au travail si en réalité nous ne sommes pas arrivés à l'aimer.

Cela signifie que l'amour est indispensable, toutes les fois que nous essayons de revaloriser les fondements du travail psychologique.

Il est urgent de savoir, avant tout, ce que c'est que la conscience, car il y a beaucoup de gens qui n'ont jamais souhaité savoir quoique ce soit à ce sujet.

N'importe quelle personne commune et courante n'ignore pas qu'un boxeur qui tombe par knock-out perd la conscience.

Il est clair qu'en reprenant ses sens le malheureux pugiliste acquiert de nouveau la conscience.

N'importe qui comprend, par conséquent, qu'il existe une différence nette entre la personnalité et la conscience.

En venant au monde, nous avons tous environ trois pour cent de conscience, les quatre-vingt-dix-sept pour cent qui restent sont répartis entre subconscience, infraconscience et inconscience.

Ce trois pour cent de conscience éveillée peut être accru à mesure que nous travaillons sur nous-mêmes.

Il n'est pas possible d'accroître la conscience au moyen de procédés exclusivement physiques ou mécaniques.

Indubitablement, la conscience ne peut être éveillée qu'à l'aide d'un travail conscient et de souffrances volontaires.

Il existe plusieurs types d'énergie à l'intérieur de nous-mêmes :

1. Énergie mécanique.
2. Énergie vitale.
3. Énergie psychique.
4. Énergie mentale.
5. Énergie de la volonté.
6. Énergie de la conscience.
7. Énergie de l'Esprit Pur.

Nous avons beau multiplier l'énergie strictement mécanique, jamais nous ne réussirons à éveiller la conscience.

Même si nous accroissions considérablement les forces vitales à l'intérieur de notre organisme, jamais nous n'arriverions à éveiller la conscience.

Il y a beaucoup de processus psychologiques qui ont lieu au-dedans de nous-mêmes sans la moindre intervention de la conscience.

Si grande que soit la discipline du mental, l'énergie mentale ne réussira jamais à éveiller les divers fonctionnalismes de la conscience.

La force de la volonté, même multipliée à l'infini, ne peut arriver à éveiller la conscience.

Tous ces types d'énergie s'échelonnent selon différents niveaux et dimensions qui n'ont rien à voir avec la conscience.

La conscience peut être éveillée seulement au moyen du travail conscient et de suprêmes efforts.

D'ordinaire, le petit pourcentage de conscience que l'homme possède, au lieu d'être accru, est gaspillé inutilement dans la vie.

Il est évident qu'en nous identifiant avec tous les évènements de notre existence, nous dilapidons inutilement l'énergie de la conscience.

Nous devrions voir la vie comme un film, sans jamais nous identifier avec les comédies, drames ou tragédies de l'existence quotidienne, nous épargnerions ainsi l'énergie de la conscience.

La conscience en elle-même est un type d'énergie avec une très haute fréquence vibratoire.

Il ne faut pas confondre la conscience avec la mémoire, car elles sont aussi différentes l'une de l'autre que la lumière des phares d'une automobile par rapport au chemin qu'elle éclaire.

Beaucoup d'actes s'effectuent en dedans de nous-mêmes sans aucune participation de ce qu'on appelle la conscience.

Dans notre organisme se produit une foule d'ajustements et de réajustements sans que la conscience y participe le moins du monde.

Le centre moteur de notre corps peut conduire une automobile, ou diriger les doigts qui jouent du piano, sans la moindre intervention de la conscience.

La conscience c'est la lumière que l'inconscient ne perçoit pas.

L'aveugle ne perçoit pas la lumière physique solaire, mais elle existe pourtant par elle-même.

Il nous faut nous ouvrir pour que la lumière de la conscience pénètre dans les ténèbres épouvantables du moi-même, du soi-même.

Maintenant nous comprendrons mieux la signification des paroles de Jean quand il dit dans l'Évangile : *« La lumière vint aux ténèbres, mais les ténèbres ne l'ont pas comprise. »*

Or, la lumière de la conscience ne pourra absolument pas pénétrer dans les ténèbres du moi-même, si auparavant nous n'utilisons pas le sens merveilleux de « l'auto-observation psychologique ».

Il nous faut frayer un passage à la lumière afin qu'elle illumine les profondeurs ténébreuses du Moi de la Psychologie.

On ne s'observerait jamais si l'on n'avait pas intérêt à changer ; un tel intérêt n'est possible que si l'on aime vraiment les enseignements ésotériques.

Maintenant, nos lecteurs comprendront la raison pour laquelle nous conseillons de revaloriser constamment les instructions concernant le travail sur soi-même.

La conscience éveillée nous permet d'expérimenter de façon directe la réalité.

Malheureusement, l'animal intellectuel, erronément appelé homme, fasciné par le pouvoir de formulation de la logique dialectique, a oublié la dialectique de la conscience.

Incontestablement, le pouvoir de formuler des concepts logiques s'avère, au fond, terriblement pauvre.

De la thèse nous pouvons passer à l'antithèse et au moyen de la discussion arriver à la synthèse ; or, celle-ci continue à être un concept intellectuel qui ne peut en aucune façon coïncider avec la réalité.

La Dialectique de la Conscience est plus directe car elle nous permet d'expérimenter la réalité de n'importe quel phénomène, en lui-même et par lui-même.

Les phénomènes naturels ne coïncident en aucune manière avec les concepts élaborés par le mental.

La vie se développe d'instant en instant, et lorsque nous la capturons pour l'analyser, nous la tuons.

Quand nous essayons d'inférer des concepts, en observant un phénomène naturel quelconque, en fait, nous cessons de percevoir la réalité du phénomène, pour ne voir dans ce phénomène que le reflet des théories et des concepts rances qui n'ont absolument rien à voir avec le fait observé.

L'hallucination intellectuelle est fascinante, et nous voulons à tout prix que tous les phénomènes de la nature coïncident avec notre logique dialectique.

La dialectique de la conscience a son fondement dans les expériences vécues et non pas dans le simple rationalisme subjectif.

Toutes les lois de la nature existent au-dedans de nous-mêmes et si nous ne les y découvrons pas, ce n'est pas en dehors de nous que nous allons les découvrir.

L'homme est contenu dans l'Univers et l'Univers est contenu dans l'homme.

Le réel, c'est ce que l'on expérimente dans son propre intérieur ; seule la conscience peut expérimenter la réalité.

Le langage de la conscience est symbolique, intime et profondément significatif, et seuls les éveillés peuvent le comprendre.

Celui qui veut éveiller la conscience doit éliminer de son intérieur tous les éléments indésirables qui constituent l'Ego, le Moi, le Moi-même, au-dedans duquel se trouve embouteillée l'essence.

# 8. Le Jargon Scientifique

La didactique logique est conditionnée et en outre qualifiée par les prépositions « dans » et « au sujet de », qui ne nous conduisent jamais à l'expérience directe du réel.

Les phénomènes de la nature sont très loin d'être comme les scientifiques les voient.

Certainement, dès qu'un phénomène quelconque est découvert, il est aussitôt qualifié et étiqueté avec quelque terme complexe du jargon scientifique.

Évidemment, ces termes si compliqués de la science moderne servent seulement de paravent pour masquer l'ignorance.

Les phénomènes naturels ne sont, en aucune façon, tels que les scientistes les voient.

La vie, avec tous ses processus et phénomènes, se développe d'instant en instant, seconde après seconde, et quand l'esprit scientifique l'arrête pour l'analyser, en fait il la tue.

Une inférence tirée d'un phénomène naturel quelconque, n'est jamais égale à la réalité concrète du phénomène ; malheureusement l'esprit du scientifique, halluciné par ses propres théories, croit fermement à la réalité de ses inférences.

L'intellect halluciné, non seulement voit, dans les phénomènes, le reflet de ses propres concepts, mais aussi, ce qui est pire, il veut, d'une manière dictatoriale, que les phénomènes soient absolument égaux à tous ces concepts dont est bourré son intellect.

Le phénomène de l'hallucination intellectuelle est fascinant ; aucun de ces sots scientifiques ultramodernes n'admettrait la réalité de sa propre hallucination.

Assurément, les pédants de ces temps-ci, en aucune façon n'accepteraient d'être qualifiés d'hallucinés.

La force de l'autosuggestion leur a fait croire à la réalité de tous les concepts du jargon scientifique.

Évidemment, l'intellect halluciné se présume conscient et il veut d'une manière dictatoriale, que tous les processus de la nature marchent par les rails de ses savanteries.

Un nouveau phénomène est-il apparu, on le classifie, on l'étiquette et on le place à tel ou tel endroit, comme si on l'avait vraiment compris.

Il y a des milliers de termes que l'on a inventés pour étiqueter des phénomènes, cependant les « pseudo-savants » ne savent rien de tous ces phénomènes.

Un exemple vivant de tout ce que nous affirmons dans ce chapitre sera ce qui concerne le corps humain.

Au nom de la vérité, nous pouvons affirmer de façon péremptoire que le corps physique est absolument inconnu des scientifiques modernes.

Une affirmation de cette sorte pourrait paraître très insolente aux pontifes du scientisme moderne ; sans doute méririterions-nous l'excommunication.

Toutefois, nous avons des bases très solides pour avancer une si terrible affirmation ; malheureusement les esprits hallucinés sont tellement convaincus de leur pseudo-savoir qu'ils ne pourraient absolument pas accepter la réalité crue de leur ignorance.

Si nous disions aux chefs de file du scientisme moderne que le Comte Cagliostro, personnage très intéressant des XVIe, XVIIe et XVIIIe siècle, vit encore en plein XXe siècle, si nous leur disions que le fameux Paracelse, insigne médecin du Moyen-Âge, existe encore aujourd'hui, vous pouvez être sûrs que les pontifes du scientisme actuel se moqueraient de nous et n'accepteraient jamais nos affirmations.

Cependant, c'est ainsi : sur la face de la Terre vivent actuellement les authentiques « mutants », des hommes immortels, avec des corps qui remontent aux temps les plus reculés, à des milliers, voire même des millions d'années en arrière.

L'auteur de ce livre connaît les mutants, mais il n'ignore pas le scepticisme moderne, l'hallucination des scientifiques et l'état d'ignorance des singes savants.

C'est pour tout cela qu'en aucune façon nous ne tomberions dans l'illusion de croire que les fanatiques du jargon scientifique accepteraient la réalité de nos insolites déclarations.

Le corps de n'importe quel mutant est un vrai défi au jargon scientifique de cette époque.

Le corps de n'importe quel mutant peut changer d'aspect et retourner ensuite à son état normal sans subir aucun dommage.

Le corps de n'importe quel mutant peut pénétrer instantanément dans la verticale, la 4e dimension, et même assumer n'importe quelle forme végétale ou animale et reprendre postérieurement son état normal sans souffrir aucun préjudice.

Le corps de n'importe quel mutant défie violemment les vieux traités d'Anatomie de la science officielle.

Malheureusement, aucune de ces déclarations ne pourrait convaincre les hallucinés du jargon scientifique.

Ces messieurs, assis sur leur trône pontifical, nous regarderaient sans aucun doute avec dédain, peut-être avec colère, et même possiblement avec un peu de pitié.

Pourtant, la vérité est ce qu'elle est, et la réalité des mutants est un franc défi à toute théorie ultramoderne.

L'auteur de cette œuvre connaît les mutants, mais il n'espère pas que personne le croie.

Chaque organe du corps humain est contrôlé par des lois et des forces que les hallucinés du jargon scientifique ne connaissent absolument pas.

Les éléments de la nature sont en eux-mêmes inconnus de la science officielle. Les meilleures formules chimiques sont incomplètes : $\mathbf{H_2O}$ : deux atomes d'Hydrogène et un d'Oxygène pour obtenir de l'eau, cela s'avère purement empirique.

Si on essayait d'unir, dans un laboratoire, l'atome d'Oxygène avec les deux d'Hydrogène, on n'obtiendrait pas d'eau ni rien, parce que cette formule est incomplète, il lui manque l'élément feu, et sans cet élément on ne pourrait créer de l'eau.

L'intellection, si brillante qu'elle paraisse, ne peut jamais nous conduire à l'expérience du réel.

La classification des substances et les termes barbares et difficiles avec lesquels on les étiquette, servent seulement d'écran pour cacher l'ignorance.

Que l'intellect veuille à tout prix que telle ou telle substance possédât un nom et des caractéristiques déterminées s'avère absurde et insupportable.

Pourquoi l'intellect se présume-t-il omniscient ? Pourquoi s'hallucine-t-il en croyant que les substances et les phénomènes sont comme il croit qu'ils sont ? Pourquoi l'intellect veut-il que la nature soit une réplique parfaite de toutes ses théories, concepts, dogmes, opinions, préconceptions et préjugés ?

En réalité les phénomènes naturels ne sont pas comme on le croit, et les substances et forces de la nature ne sont en aucune façon comme l'intellect pense qu'elles sont.

La conscience éveillée n'est pas le mental, ni la mémoire, ni rien de semblable. Seule la conscience libérée peut expérimenter par elle-même et de manière directe la réalité de la vie libre en son mouvement.

Cependant, nous devons réaffirmer avec insistance que tant qu'existera au-dedans de nous-mêmes quelque élément subjectif, la conscience continuera à être embouteillée dans cet élément et, par conséquent, ne pourra pas jouir de l'illumination permanente et parfaite.

# 9. L'Antéchrist

L'étincelant intellectualisme, en tant que fonctionnalisme manifeste du Moi psychologique, est, indubitablement, l'Antéchrist.

Ceux qui supposent que l'Antéchrist est un personnage étrange né en tel ou tel endroit de la Terre ou venu de tel ou tel pays, sont à coup sûr complètement dans l'erreur.

Nous avons dit et répété que l'Antéchrist n'est en aucune façon une personne précise, mais bien toutes les personnes.

L'Antéchrist est sans nul doute, enraciné au fond de chaque personne et il s'exprime de multiple façon.

L'intellect mis au service de l'Esprit s'avère utile ; l'intellect divorcé d'avec l'Esprit devient inutile.

De l'intellectualisme sans spiritualité surgissent les fripouilles, manifestation de l'Antéchrist.

Évidemment, les fripouilles en soi-même et par soi-même sont l'Antéchrist. Malheureusement, le monde actuel avec toutes ses tragédies et misères est gouverné par l'Antéchrist.

L'état chaotique où se trouve l'humanité actuelle est, sans conteste, causé par l'Antéchrist.

L'Inique, de qui parlait Paul de Tarse dans ses épîtres, est, de nos jours, une réalité crue.

L'Inique est déjà venu et il se manifeste partout, il a certainement le don d'ubiquité.

Il discute dans les cafés, fait des négociations à l'ONU, s'assoit commodément à Genève, il expérimente dans les laboratoires, il invente des bombes atomiques, des fusées téléguidées, des gaz asphyxiants, des bombes bactériologiques, etc.

L'Antéchrist, fasciné par son propre intellectualisme, exclusivité absolue des singes savants, croit connaître tous les phénomènes de la nature.

L'Antéchrist, se croyant lui-même omniscient, embouteillé comme il l'est dans la pourriture de ses théories, refuse carrément tout ce qui ressemble à Dieu ou à quelque Être que l'on adore.

L'infatuation de l'Antéchrist, l'orgueil et la présomption qu'il possède, est quelque chose d'insupportable.

L'Antéchrist hait mortellement les vertus chrétiennes de la foi, de la patience et de l'humilité.

Tout le monde tombe à genou devant l'Antéchrist. C'est-à-dire, évidemment, devant celui qui a inventé les avions supersoniques, les merveilleux bateaux, les rutilantes automobiles, les médecines surprenantes, etc.

Dans ces conditions, qui pourrait douter de l'Antéchrist ? Celui qui ose aujourd'hui se prononcer contre tous ces miracles et prodiges du fils de perdition, se condamne lui-même à la moquerie de ses semblables, au sarcasme, à l'ironie, au qualificatif de stupide et ignorant.

Il faut beaucoup d'effort pour faire comprendre cela aux gens sérieux et studieux. Ceux-ci réagissent et opposent une résistance.

Il est clair que l'animal intellectuel improprement appelé homme est un robot, programmé à travers la maternelle, l'école primaire, secondaire, le collège, l'université, etc.

Personne ne peut nier qu'un robot programmé fonctionne en vertu de son programme, et qu'il ne pourrait absolument pas fonctionner si on le séparait du programme.

L'Antéchrist a élaboré le programme avec lequel on programme les robots humanoïdes de ces temps décadents.

Faire ces déclarations, expliciter ce que je suis en train de dire, s'avère affreusement difficile parce que cela se situe en dehors du programme ; aucun robot humanoïde ne pourrait admettre des choses qui n'entrent pas dans son programme.

Cette situation est tellement grave et l'embouteillage du mental si formidable, qu'en aucun cas le robot humanoïde ne pourrait soupçonner que le programme ne sert pas, car lui-même a été construit selon le programme ; douter du programme lui semblerait une hérésie, quelque chose d'incongru et absurde.

Qu'un robot doute de son programme est une extravagance, quelque chose d'absolument impossible car son existence même est fondée sur le programme.

Malheureusement les choses ne sont pas comme le robot humanoïde le pense. Il existe une autre science, un autre savoir, inacceptable pour les robots humanoïdes.

L'humanoïde-robot réagit et il a raison de le faire, car il n'a pas été programmé pour une autre science, ni pour une autre culture, ni pour rien qui diffère de son programme connu.

L'Antéchrist a élaboré les programmes du robot humanoïde ; le robot se prosterne humblement devant son maître.

Comment le robot pourrait-il douter de la sagesse de son Maître ?

L'enfant naît innocent et pur ; l'essence qui se manifeste en chaque créature est extrêmement précieuse.

Incontestablement, la nature dépose dans le cerveau des nouveau-nés toutes les informations concernant la vie sauvage, naturelle, sylvestre, cosmique, spontanée, indispensables pour la capter et pour appréhender les vérités contenues dans n'importe quel phénomène naturel perceptible par les sens.

Cela signifie que l'enfant nouveau-né pourrait par lui-même découvrir la réalité de chaque phénomène naturel ; malheureusement, le programme de l'Antéchrist interfère et les merveilleuses qualités que la nature a déposées dans le cerveau du nouveau-né sont bientôt détruites.

L'Antéchrist interdit de penser de manière différente ; toute créature qui naît doit être programmée par ordre de l'Antéchrist.

Il n'y a pas de doute que l'Antéchrist déteste mortellement ce précieux sens de l'Être, connu comme « faculté instinctive de perception des vérités cosmiques ».

La science pure, différente de toute la pourriture des théories universitaires qui existent partout, est quelque chose d'inadmissible pour les robots de l'Antéchrist.

L'Antéchrist a propagé dans tous les recoins de la Terre beaucoup de guerres, de famines et de maladies, et il n'y a pas de doute qu'il continuera à le faire avant que la catastrophe finale survienne.

Elle est arrivée l'heure de la grande apostasie annoncée par tous les prophètes, et malheureusement aucun être humain n'oserait se prononcer contre l'Antéchrist.

# 10. Le Moi Psychologique

Cette question du moi-même, ce que je suis, cela qui pense, sent et agit, est une chose que nous devons explorer en nous-mêmes pour la connaître en profondeur.

Il y a partout de très belles théories qui attirent et fascinent ; mais tout cela ne sert à rien si on ne se connaît pas soi-même.

Il est fascinant d'étudier l'astronomie ou de se distraire un peu en lisant des œuvres sérieuses, cependant, c'est une absurdité de devenir un érudit et de ne rien savoir sur soi-même, sur ce que je suis, sur la personnalité humaine que nous possédons.

Chacun est tout à fait libre de penser ce qu'il veut, et la raison subjective de l'animal intellectuel, erronément appelé homme, se livre à toutes sortes de jeux, et peut tout aussi bien faire d'une puce un cheval que d'un cheval une puce ; en effet, il y a beaucoup d'intellectuels qui passent leur temps à jouer avec le rationalisme. Et au bout du compte, qu'en est-il donc de tout cela ?

Être un érudit ne signifie pas être un sage. Les ignorants cultivés abondent comme la mauvaise herbe ; et non seulement ils ne savent pas, mais en outre, ils ne savent pas qu'ils ne savent pas.

Il faut entendre par « ignorants cultivés » les singes savants qui croient qu'ils savent et qui ne se connaissent même pas eux-mêmes.

Nous pourrions théoriser joliment sur le Moi de la Psychologie, mais ce n'est pas ce qui précisément nous intéresse dans ce chapitre.

Il nous faut nous connaître nous-mêmes par voie directe sans le déprimant processus de l'option.

Cela n'est réalisable et possible que si nous nous auto-observons en action, à tout moment, d'instant en instant.

Il ne s'agit pas de nous regarder à travers quelque théorie ou quelque simple spéculation intellective.

Nous voir directement, tel que nous sommes, c'est cela qui compte ; seulement ainsi pourrons-nous arriver à la véritable connaissance de nous-mêmes.

Bien que cela semble incroyable, nous nous leurrons en ce qui a trait à nous-mêmes.

Nous avons beaucoup de choses que nous croyons ne pas avoir, et beaucoup de choses que nous n'avons pas mais que nous croyons avoir.

Nous avons fabriqué de faux concepts sur nous-mêmes et nous devons faire un inventaire pour savoir ce que nous avons en trop, et ce qui nous manque.

Nous supposons avoir telles ou telles qualités qu'en réalité nous n'avons pas ; et nous possédons beaucoup de vertus qu'assurément nous ne connaissons pas.

Nous sommes des gens endormis, inconscients et c'est cela qui est grave. Malheureusement, nous avons la meilleure opinion de nous-mêmes, sans même soupçonner que nous sommes endormis.

Les Saintes Écritures insistent sur la nécessité de s'éveiller, mais elles n'expliquent pas le système pour arriver à cet éveil.

Le pire de tout est qu'il y en a beaucoup qui ont lu les Saintes Écritures et qui ne comprennent même pas qu'ils sont endormis.

Tout le monde croit se connaître lui-même et personne ne soupçonne le moindrement qu'il existe la doctrine du moi pluralisé.

En réalité le Moi Psychologique de chacun est multiple, il est toujours constitué d'un grand nombre d'entités.

C'est-à-dire que nous avons beaucoup de Moi, et non pas un seul, comme le supposent toujours les ignorants érudits.

Nier la Doctrine de la Pluralité c'est se crétiniser soi-même, car ce serait en fait le comble des combles de prétendre ignorer les contradictions intimes que chacun de nous possède.

« Je vais lire un journal » dit l'Ego de l'intellect, « au diable avec cette lecture ! », s'écrie l'Ego du mouvement, « je préfère aller faire une promenade à bicyclette », « pas de promenade ! », crie soudain un troisième en discorde, « je préfère manger, j'ai faim ».

Si nous pouvions nous voir tout entier, comme dans un miroir, tel que nous sommes, nous découvririons par nous-mêmes et d'une manière directe la pluralité qui nous constitue.

La personnalité humaine est seulement une marionnette contrôlée par des fils invisibles.

L'Ego qui aujourd'hui jure un amour éternel pour la Gnose est, plus tard, déplacé par un autre Ego qui n'a rien à voir avec ce serment ; alors le sujet se retire.

Le Moi qui aujourd'hui jure un amour éternel à une femme est, plus tard, remplacé par un autre Moi qui n'a rien à voir avec ce serment ; alors le sujet s'amourache d'une autre femme et le château de cartes s'écroule par terre.

L'animal intellectuel erronément appelé homme est comme une maison pleine de gens.

Il n'existe pas d'ordre ni aucune concorde entre les multiples Ego ; tous se battent entre eux et se disputent la suprématie. Quand l'un d'entre eux obtient le contrôle des centres principaux de la machine organique, il se sent l'unique, le maître, mais il finit par être destitué par un autre.

En considérant les choses de ce point de vue, nous parvenons à la conclusion logique que le mammifère rationnel n'a pas de véritable sens de responsabilité morale.

Incontestablement, ce que la machine dit ou fait à un moment donné, dépend exclusivement du type de Moi qui, à ce moment, la contrôle.

On dit que Jésus de Nazareth retira sept démons du corps de Marie-Madeleine, sept Ego, vive personnification des sept péchés capitaux.

Sans aucun doute, chacun de ces sept démons est à la tête d'une légion ; nous devons par conséquent admettre comme corollaire que le Christ intime a pu chasser du corps de Marie-Madeleine des milliers d'Ego.

En réfléchissant sur toutes ces choses, nous pouvons inférer clairement que la seule chose digne que nous possédions dans notre intérieur est l'Essence ; malheureusement, elle se trouve emprisonnée dans tous ces multiples Moi de la Psychologie révolutionnaire.

Il est pénible de constater que l'essence se manifeste toujours en vertu de son propre embouteillage.

Indiscutablement, l'essence ou la conscience, ce qui est la même chose, dort profondément.

# 11. Les Ténèbres

Un des problèmes les plus désastreux de notre époque est certainement le labyrinthe inextricable des théories.

Indubitablement, de nos jours les écoles pseudo-ésotériques et pseudo-occultistes se sont multipliées partout d'une manière exorbitante.

Le marché des âmes, des livres et des théories est effrayant ; rare est celui qui, dans la toile d'araignée de tant d'idées contradictoires, parvient, en vérité, à découvrir le chemin secret.

Le plus grave de tout cela c'est la fascination intellective ; il existe une tendance à se nourrir strictement de façon intellectuelle, avec tout ce qui arrive au mental.

Les vagabonds de l'intellect ne se contentent plus de toute cette littérature subjective et de type général qui abonde dans les marchés de livres, mais à présent, et pour comble des combles, ils s'empiffrent jusqu'à l'indigestion avec le pseudo-ésotérisme et le pseudo-occultisme bon marché qui abonde partout comme la mauvaise herbe.

Le résultat de tous ces jargons c'est la confusion et la désorientation manifeste des vauriens de l'intellect.

Je reçois constamment des lettres et des livres de toute espèce ; les expéditeurs comme toujours me posent des questions sur telle école, sur tel ou tel livre, et je me borne à répondre de la manière suivante : « Laissez l'oisiveté mentale, ne vous préoccupez pas de la vie d'autrui ; désintégrez le Moi animal de la curiosité ; vous n'avez pas à vous soucier des écoles d'autrui, devenez sérieux, connaissez-vous vous-mêmes, observez-vous vous-mêmes, etc. »

Se connaître soi-même, profondément, dans tous les niveaux du mental, voilà ce qui est vraiment important.

Les ténèbres sont l'inconscience ; la lumière c'est la conscience. Nous devons permettre à la lumière de pénétrer dans nos propres ténèbres. Sans nul doute, la lumière a le pouvoir de vaincre les ténèbres.

Malheureusement les gens se trouvent autoenfermés dans l'atmosphère fétide et immonde de leur propre mental, adorant leur cher Ego.

Ils ne veulent pas se rendre compte, les gens, qu'ils ne sont pas maîtres de leur propre vie ; certainement, chaque personne est contrôlée de l'intérieur par beaucoup d'autres personnes, je veux me référer avec insistance à toute cette multiplicité de Moi que nous portons au-dedans.

Il est ostensible que chacun de ces Ego met dans notre mental ce que nous devons penser, dans notre bouche ce que nous devons dire, dans le cœur ce que nous devons sentir, etc.

Dans ces conditions, l'humaine personnalité n'est plus qu'un robot gouverné par différentes personnes qui se disputent la suprématie et aspirent au suprême contrôle des centres directeurs de la machine organique.

Au nom de la vérité nous devons affirmer solennellement que le pauvre animal intellectuel erronément appelé homme, même s'il se croit très équilibré, vit dans un déséquilibre psychologique complet.

Le mammifère intellectuel n'est en aucune façon « multilatéral » ; s'il l'était, il serait équilibré.

L'animal intellectuel est malheureusement unilatéral, et cela est démontré à satiété.

Comment l'humanoïde rationnel pourrait-il être équilibré ? Pour que l'équilibre parfait existe, il faut la conscience éveillée.

Seule la lumière de la conscience, dirigée non depuis les angles mais d'une manière centrale, peut en finir avec les antithèses, avec les contradictions psychologiques, et établir en nous le véritable équilibre intérieur.

Si nous dissolvons tout cet ensemble de Moi que nous portons dans notre intérieur, alors survient l'éveil de la conscience et, comme conséquence ou corollaire, le véritable équilibre de notre propre psychisme.

Malheureusement, les gens ne veulent pas se rendre compte de l'inconscience où ils vivent ; ils dorment profondément.

Si les gens étaient éveillés, chacun sentirait son prochain à l'intérieur de lui-même.

Si les gens étaient éveillés, nos prochains nous sentiraient dans leur intérieur.

Alors, évidemment, les guerres n'existeraient plus et la Terre entière serait en vérité un paradis.

La lumière de la conscience, en nous rendant un véritable équilibre psychologique, vient à rétablir chaque chose en son lieu, et ce qui avant entrait en conflit intime avec nous est dès lors remis à sa place appropriée.

L'inconscience des foules est telle qu'elles ne sont même pas capables de découvrir la relation qui existe entre lumière et conscience.

Incontestablement, lumière et conscience sont deux aspects d'une même chose ; où il y a lumière, il y a conscience.

L'inconscience est ténèbres et ces dernières existent dans notre intérieur.

C'est seulement grâce à l'auto-observation psychologique que nous permettons à la lumière de pénétrer dans nos propres ténèbres.

*« La lumière vint aux ténèbres mais les ténèbres ne l'ont pas comprise. »*

# 12. Les Trois Mentals

Il existe partout des quantités de vauriens de l'intellect, sans orientation positive et empoisonnés par le dégoûtant scepticisme.

Certainement, le répugnant poison du scepticisme contamine l'esprit humain de façon alarmante depuis le XVIIIe siècle.

Avant ce siècle, la fameuse île « Nontrabada » ou « Encubierta », située en face des côtes de l'Espagne se rendait constamment visible et tangible.

Il n'y a pas de doute que cette île se trouve située dans la quatrième verticale. Nombreuses sont les anecdotes relatives à cette île mystérieuse.

Après le XVIIIe siècle, celle-ci se perdit dans l'éternité, personne n'en sut plus rien.

À l'époque du Roi Arthur et des Chevaliers de la Table Ronde, les élémentaux de la nature se manifestèrent partout, en pénétrant profondément dans notre atmosphère physique.

Nombreux sont les récits sur des lutins, génies et fées, qui abondent encore dans la verte Érim, l'Irlande. Malheureusement, toutes ces choses innocentes, toute cette beauté de l'âme du monde, n'est plus perçue par l'humanité à cause des savanteries des vauriens de l'intellect et du développement démesuré de l'Ego animal chez les gens.

Aujourd'hui, les singes savants rient de toutes ces choses, ils ne les acceptent pas, quoiqu'au fond ils ne soient pas du tout parvenus à obtenir le bonheur.

Si les gens comprenaient que nous avons trois mentals, on entendrait un tout autre son de cloche et, possiblement, ils s'intéresseraient plus à ces études.

Malheureusement, les ignorants cultivés, empêtrés dans les méandres de leur tortueuse érudition, n'ont même pas le temps de s'occuper sérieusement de nos études.

Ces pauvres gens sont autosuffisants, ils s'enorgueillissent de leur vain intellectualisme, ils croient qu'ils vont par le droit chemin et ils ne soupçonnent pas le moins du monde qu'ils se trouvent dans un cul-de-sac.

Bref, au nom de la vérité, nous devons dire que nous avons trois mentals :

Le premier, nous pouvons et devons l'appeler « Mental Sensoriel », le second nous le baptiserons « Mental Intermédiaire » et le troisième nous l'appellerons « Mental Intérieur ».

Nous allons maintenant étudier chacun de ces trois mentals séparément et de manière appropriée.

Indiscutablement, le Mental Sensoriel élabore ses concepts au moyen des perceptions sensorielles externes.

Dans ces conditions, le Mental Sensoriel est terriblement grossier et matérialiste, il ne peut donc rien accepter qui n'ait d'abord été démontré physiquement.

Puisque les concepts que renferme le Mental Sensoriel ont pour fondement les données sensorielles externes, il est évident qu'il ne peut rien savoir sur le réel, sur la vérité, sur les mystères de la vie et de la mort, sur l'âme et l'esprit, etc.

Pour les fripouilles de l'intellect, attrapées totalement par les sens externes et embouteillées dans les concepts du Mental Sensoriel, nos études ésotériques ne sont qu'un tas d'insanités.

À l'intérieur de la raison de la déraison, dans le monde de l'absurde, ceux-là ont raison car ils sont conditionnés par le monde sensoriel externe. Comment le Mental Sensoriel pourrait-il accepter quelque chose qui ne relève pas des sens ?

Si les informations des sens servent de ressort secret pour tous les mécanismes et processus du Mental Sensoriel, il est évident que ces fonctionnalismes ne peuvent engendrer que des concepts sensoriels.

Le Mental Intermédiaire est différent ; cependant, lui non plus ne sait rien de façon directe sur le réel, il se borne à croire et c'est tout.

Dans le Mental Intermédiaire se trouvent les croyances religieuses, les dogmes inébranlables, etc.

Le Mental Intérieur est fondamental pour l'expérience directe de la vérité.

Indubitablement, le Mental Intérieur élabore ses concepts avec les données apportées par la conscience superlative de l'Être.

Incontestablement, la conscience peut vivre et expérimenter le réel. Il n'y a pas de doute que la conscience sait véritablement.

Cependant, pour se manifester, la conscience a besoin d'un médiateur, d'un instrument d'action, qui n'est autre que le Mental Intérieur.

La conscience connaît directement la réalité de chaque phénomène naturel et grâce au Mental Intérieur elle peut la manifester.

Ouvrir le Mental Intérieur est essentiel pour échapper au monde des doutes et de l'ignorance.

Cela signifie que seule l'ouverture du Mental Intérieur fait naître la foi authentique en l'Être humain.

Si l'on envisage cette question d'un autre angle nous dirons que le scepticisme matérialiste est la caractéristique propre de l'ignorance. Il n'y a pas de doute, en effet que les ignorants cultivés sont sceptiques à cent pour cent.

La foi est perception directe du réel, sagesse fondamentale, expérience vécue de cela qui est au-delà du corps des affects et du mental.

Nous devons distinguer foi et croyance. Les croyances se trouvent déposées dans le Mental Intermédiaire ; la foi est le propre du Mental Intérieur.

Malheureusement, il existe encore une tendance générale à confondre la croyance avec la foi. Si paradoxal que cela puisse paraître, nous affirmerons ce qui suit : « **celui qui a la foi authentique n'a pas besoin de croire** ».

C'est que la foi authentique est sapience vécue, connaissance exacte, expérience directe.

Voilà que durant de nombreux siècles on a confondu la foi avec les croyances, et maintenant il est très difficile de faire comprendre aux gens que la foi est sagesse véritable et jamais vaines croyances.

Les fonctionnalismes sapients du Mental Intérieur ont, comme ressorts intimes, toutes ces données formidables de la sagesse contenue dans la conscience.

Ceux qui ont ouvert le Mental Intérieur se souviennent de leurs vies antérieures, ils connaissent les mystères de la vie et de la mort, non par cela qu'ils ont lu, ou négligé de lire, non par cela qu'un autre leur a dit ou négligé de leur dire, non plus par ce qu'ils ont cru ou négligé de croire, mais par expérience directe, vécue, terriblement réelle.

Ce que nous sommes en train de dire ne plaît pas au Mental Sensoriel, il ne peut l'accepter parce que c'est en dehors de son domaine, cela n'a rien à voir avec les perceptions sensorielles externes, c'est une chose étrangère aux concepts qu'il renferme, à ce qu'on lui a enseigné à l'école, à ce qu'il a appris dans les divers livres, etc.

Ce que nous sommes en train de dire n'est pas non plus accepté par le Mental Intermédiaire, parce que cela, en fait, contredit ses croyances, et vient affaiblir ce que ses précepteurs religieux lui ont fait apprendre par cœur, etc.

Jésus, le Grand Kabire, conseilla ses disciples en leur disant :
*« Prenez garde au levain des Sadducéens et au levain des Pharisiens. »*

Il est ostensible que Jésus le Christ, par cet avertissement, se référait aux doctrines des matérialistes sadducéens et des hypocrites pharisiens.

La doctrine des sadducéens est dans le Mental Sensoriel, c'est la doctrine des cinq sens.

La doctrine des pharisiens est située dans le Mental Intermédiaire, cela est irréfutable, irrécusable.

Il est évident que les pharisiens accourent à leurs rites pour qu'on dise d'eux qu'ils sont de bonnes gens, pour paraître devant les autres, mais ils ne travaillent jamais sur eux-mêmes.

Il serait impossible d'ouvrir le Mental Intérieur si nous n'apprenions pas à penser psychologiquement.

Indiscutablement, quand on entreprend de s'observer soi-même, c'est le signe que l'on a commencé à penser psychologiquement.

Tant que l'on n'admet pas la réalité de sa propre psychologie et la possibilité de la changer fondamentalement, il est indubitable que l'on ne sent pas la nécessité de l'auto-observation psychologique.

Lorsque quelqu'un accepte la Doctrine de la Pluralité et comprend le besoin d'éliminer les différents Moi qu'il charrie dans son psychisme dans le but de libérer la conscience, l'Essence, indubitablement, de fait et par droit propre il commence l'auto-observation psychologique.

Il va sans dire que l'élimination des éléments indésirables que nous charrions dans notre psychisme est à l'origine de l'ouverture du Mental Intérieur.

Tout cela signifie que cette ouverture est quelque chose qui se réalise de manière graduelle, au fur et à mesure que nous annihilons les éléments indésirables que nous portons dans notre psychisme.

Celui qui aura éliminé à cent pour cent les éléments indésirables dans son for intérieur, aura, du même coup, évidemment, ouvert à cent pour cent son Mental Intérieur.

Une telle personne possèdera la foi absolue. Vous comprendrez maintenant les paroles du Christ quand il dit :
*« Si vous aviez de la foi gros comme un grain de moutarde, vous déplaceriez les montagnes. »*

# 13. Mémoire-Travail

Incontestablement, chaque personne a sa propre psychologie particulière, cela est irrécusable, irrejetable, irréfutable.

Malheureusement, les gens n'y pensent jamais, et beaucoup ne l'acceptent pas car ils se trouvent enjôlés par le mental sensoriel.

N'importe qui admet la réalité du corps physique parce qu'il peut le voir et le toucher ; cependant la psychologie est une autre question, elle n'est pas perceptible par les cinq sens, d'où la tendance générale à la refuser ou simplement à la sous-estimer ou la déprécier en la qualifiant de quelque chose sans importance.

Indubitablement, si quelqu'un commence à s'auto-observer, c'est un signe sans équivoque qu'il a accepté la terrible réalité de sa propre psychologie.

Il est certain que personne ne tenterait de s'auto-observer s'il n'avait pas trouvé avant une raison fondamentale pour le faire.

Évidemment, celui qui entreprend l'auto-observation se transforme en un sujet très différent des autres, cela montre, en fait, la possibilité d'un changement.

Malheureusement, les gens ne veulent pas changer, ils se contentent de l'état dans lequel ils vivent.

Il est douloureux de voir les gens naître, croître, se reproduire comme des bêtes, souffrir d'une manière indicible et mourir sans savoir pourquoi.

Changer c'est quelque chose de fondamental, mais cela est impossible si on ne s'initie pas à l'auto-observation psychologique.

Il est nécessaire de commencer à se regarder soi-même avec le dessein de se connaître car, en vérité, l'humanoïde rationnel ne se connaît pas lui-même.

Quand on découvre un défaut psychologique on fait alors un grand pas, parce que cela permettra de l'étudier et même de l'éliminer radicalement.

En vérité, nos défauts psychologiques sont innombrables, et même si nous avions mille langues et un palais d'acier pour parler, nous n'arriverions pas à les énumérer tous complètement.

Le plus grave de tout cela est que nous ne savons pas mesurer l'épouvantable réalité de n'importe quel défaut ; nous le regardons toujours d'une manière superficielle sans lui apporter l'attention requise ; nous le voyons comme une chose sans importance.

Lorsque nous acceptons la doctrine de la pluralité et que nous comprenons la crue réalité des sept démons que Jésus le Christ a expulsé du Corps de Marie-Madeleine, ostensiblement notre manière de penser par rapport aux défauts psychologiques subit un changement fondamental.

Il n'est pas superflu d'affirmer de manière emphatique que la doctrine des multiples est d'origine Tibétaine et Gnostique à cent pour cent.

Il est vrai que ce n'est pas du tout agréable de savoir qu'au-dedans de notre personne vivent des centaines, des milliers de personnes psychologiques.

Chaque défaut psychologique est une personne différente existant au-dedans de nous-mêmes ici et maintenant.

Les sept démons que le Grand Maître Jésus le Christ extirpa du corps de Marie-Madeleine sont les sept péchés capitaux : Colère, Avarice, Luxure, Envie, Orgueil, Paresse, Gourmandise.

Naturellement chacun de ces démons, pris séparément, est une tête de légion.

Dans la vieille Égypte des pharaons, l'initié devait éliminer de sa nature intérieure les démons rouges de Seth, s'il voulait obtenir l'éveil de la conscience.

En voyant la réalité des défauts psychologiques, l'aspirant veut changer, il ne veut plus continuer dans l'état dans lequel il vit, avec tant de gens entassés dans son psychisme, et alors il commence l'auto-observation.

Au fur et à mesure que nous progressons dans le travail intérieur nous pouvons constater par nous-mêmes un ordre très intéressant dans le système d'élimination.

On est étonné en découvrant un ordre dans le travail relatif à l'élimination des multiples agrégats psychiques qui personnifient nos défauts.

Le plus intéressant est qu'un tel ordre dans l'élimination des défauts se réalise d'une manière graduelle et procède en accord avec la Dialectique de la Conscience.

La dialectique de la raison ne pourrait au grand jamais surpasser le travail formidable de la dialectique de la conscience.

Les faits nous démontrent progressivement que l'ordre psychologique dans le travail d'élimination des défauts est établi par notre propre Être intérieur profond.

Nous devons préciser qu'il existe une différence radicale entre l'Ego et l'Être. Le Moi ne pourrait jamais établir un ordre dans les questions psychologiques car il est, en lui même, le résultat du désordre.

Seul l'Être a le pouvoir d'établir l'ordre dans notre psychisme. L'Être est l'Être. La raison d'être de l'Être est ce même Être.

L'ordre dans le travail d'auto-observation, de jugement et d'élimination de nos agrégats psychiques devient de plus en plus évident, par le sens judicieux de l'auto-observation psychologique.

Le sens de l'auto-observation psychologique se trouve dans un état latent chez tous les êtres humains, et il se développe d'une manière graduelle au fur et à mesure que nous en faisons usage.

Un tel sens nous permet de percevoir directement, et non plus au moyen de simples associations intellectuelles, les divers Moi qui vivent dans notre psychisme.

Cette question des perceptions extrasensorielles a déjà commencé à être étudiée dans le domaine de la Parapsychologie et a été démontrée en fait par de multiples expériences poursuivies soigneusement à travers le temps et sur lesquelles existe une abondante documentation.

Ceux qui nient la réalité des perceptions extrasensorielles sont des ignorants à cent pour cent, des vauriens de l'intellect embouteillés dans le mental sensoriel.

Cependant le sens de l'auto-observation psychologique est quelque chose de plus profond ; allant bien au-delà des simples énoncés parapsychologiques, il nous permet l'auto-observation intime et la pleine vérification de la terrible réalité subjective de nos divers agrégats.

L'ordonnance successive des diverses parties du travail relatif à ce sujet tellement grave de l'élimination des agrégats psychiques, nous permet d'inférer une « mémoire-travail » très intéressante et même très utile dans cette question du développement intérieur.

Cette « mémoire-travail » peut, c'est tout à fait certain, nous livrer différentes photographies psychologiques des diverses étapes de notre vie passée, lesquelles réunies ensemble, présentent à notre imagination un tableau vivant et même répugnant de ce que nous étions avant de commencer le travail de psycho-transformation radicale.

Il n'y a pas de doute que jamais nous ne voudrions revenir en arrière, à cette horrible image, vive représentation de ce que nous étions.

De ce point de vue, une telle photographie psychologique s'avère très utile comme instrument de confrontation entre un présent transformé et un passé régressif, rance, lourd et malheureux.

La « mémoire-travail » se forge toujours sur la base des évènements psychologiques successifs enregistrés par le centre de l'auto-observation psychologique.

Il existe dans notre psychisme une quantité d'éléments indésirables que nous sommes très loin de soupçonner.

Qu'un honnête homme, absolument incapable de s'emparer du bien d'autrui, honorable et digne de tout honneur, découvre d'une manière insolite, une série d'Ego-voleurs habitant dans les zones plus profondes de son propre psychisme, c'est quelque chose d'épouvantable mais non impossible.

Qu'une épouse magnifique, pleine de grandes vertus ou qu'une jeune fille d'une exquise spiritualité et d'une splendide éducation, découvre de manière inusitée, au moyen du sens de l'auto-observation psychologique, que dans son psychisme intime vit un groupe d'Ego-prostituées, cela s'avère nauséabond, voire même inacceptable pour le centre intellectuel ou pour le sens moral de n'importe quel citoyen judicieux, cependant tout cela est possible dans le domaine précis de l'auto-observation psychologique.

# 14. Compréhension Créatrice

L'Être et le Savoir doivent s'équilibrer mutuellement afin d'établir dans notre psychisme la flamme de la compréhension.

Quand le Savoir est plus grand que l'Être, il occasionne des confusions intellectuelles de toute espèce.

Si l'Être est plus grand que le Savoir, cela peut donner des cas aussi graves que celui du saint stupide.

Dans le terrain de la vie quotidienne, il convient de s'auto-observer avec le dessein de s'autodécouvrir.

La vie de tous les jours est, précisément, le gymnase psychologique au moyen duquel nous pouvons découvrir nos défauts.

Dans l'état de perception alerte, d'alerte nouveauté, nous pourrons vérifier directement que les défauts cachés affleurent spontanément.

Il est clair qu'un défaut découvert doit être travaillé consciemment avec le dessein de le séparer de notre psychisme.

Avant tout, nous ne devons nous identifier avec aucun « moi-défaut » si en réalité nous voulons l'éliminer.

Si nous sommes debout sur une planche que nous voulons soulever pour l'appuyer contre un mur, nous ne pourrons pas le faire si nous restons debout sur elle.

Évidemment, nous devons commencer par nous séparer nous-mêmes de la planche, nous retirer, nous enlever de cette planche et ensuite avec nos mains soulever la planche et la poser contre le mur.

De même, nous ne devons nous identifier avec aucun agrégat psychique si en vérité nous désirons le séparer de notre psychisme.

Quand on s'identifie avec tel ou tel Ego, en fait, on le fortifie, au lieu de le désintégrer.

Supposons qu'un Moi quelconque de luxure s'approprie les rouages que nous avons dans le centre intellectuel pour projeter sur l'écran du mental des scènes de lascivité et de morbidité sexuelle, si on s'identifie avec de tels tableaux passionnels, indubitablement ce « moi-luxurieux » se fortifiera de manière terrible.

Mais si, au lieu de nous identifier avec cette entité, nous la séparons de notre psychisme en la considérant comme un démon intrus, alors évidemment surgira, dans notre intimité, la compréhension créatrice.

Postérieurement, nous pourrions nous offrir le luxe de juger analytiquement un tel agrégat avec le dessein de nous en rendre pleinement conscients.

Ce qui est grave chez les gens, c'est précisément l'identification avec les défauts et cela est pitoyable.

Si les gens connaissaient la Doctrine de la Pluralité, si en vérité ils comprenaient que leur propre vie ne leur appartient même pas, alors ils ne commettraient plus l'erreur de l'identification.

Les scènes de colère, les démonstrations de jalousie, etc., s'avèrent utiles dans le domaine de la vie pratique, quand nous nous trouvons dans un état permanent d'auto-observation psychologique.

C'est alors que nous vérifions que ni nos pensées, ni nos désirs, ni nos actions ne nous appartiennent.

Incontestablement, de multiples Moi interviennent comme des intrus de mauvais augure pour mettre dans notre mental des pensées, et dans notre cœur des émotions et dans notre centre moteur des actions de toutes sortes.

Il est lamentable que nous ne soyons pas maîtres de nous-mêmes, que diverses entités psychologiques fassent de nous ce que bon leur semble.

Malheureusement, nous sommes très loin de soupçonner ce qui nous arrive, et nous agissons comme de simples marionnettes contrôlées par des fils invisibles.

Le pire de tout cela c'est qu'au lieu de lutter pour nous délivrer de tous ces tyrans secrets, nous commettons l'erreur de les fortifier, et c'est ce qui se produit lorsque nous nous identifions avec eux.

N'importe quelle scène de rue, n'importe quel drame familier, ou une chicane idiote entre époux est redevable indubitablement à tel ou tel Ego et cela, c'est une chose que nous ne devons jamais ignorer.

La vie quotidienne est le miroir psychologique où nous pouvons nous voir nous-mêmes tels que nous sommes.

Mais avant tout, nous devons comprendre la nécessité de nous voir nous-mêmes, la nécessité de changer radicalement, seulement ainsi aurons-nous envie de nous observer réellement.

Celui qui se contente de l'état dans lequel il vit, le borné, le négligent, le retardataire, ne sentira jamais le désir de se voir lui-même, il s'aimera trop et en aucune façon ne se sentira-t-il disposé à réviser sa conduite et sa manière d'être.

De la façon la plus claire nous dirons que dans toutes les comédies, drames et tragédies de la vie quotidienne interviennent divers Moi qu'il est nécessaire de comprendre.

Dans n'importe quelle scène de jalousie passionnelle entrent en jeu des Ego de luxure, de colère, d'amour propre, de jalousie, etc., qui devront ultérieurement être jugés chacun séparément et de manière analytique afin de les comprendre intégralement dans le dessein évident de les désintégrer totalement.

La compréhension est une chose très élastique, et c'est pourquoi nous devons approfondir chaque fois de plus en plus ; ce qu'aujourd'hui nous comprenons d'une manière, demain nous le comprendrons mieux.

Regardant les choses sous cet angle, nous pouvons vérifier par nous-mêmes combien sont utiles les diverses circonstances de la vie, quand en vérité nous les utilisons comme un miroir pour nous découvrir nous-mêmes.

Nous ne sommes pas du tout en train d'affirmer que les drames, comédies et tragédies de la vie quotidienne sont toujours beaux et parfaits, une telle affirmation serait ridicule.

Cependant, si absurdes que soient les diverses situations de l'existence, elles s'avèrent merveilleuses comme gymnase psychologique.

Le travail relatif à la dissolution des divers éléments qui constituent le moi-même est affreusement difficile.

Parmi les rythmes de la poésie se cache aussi le délit. Dans le parfum délicieux des temples se cache le délit.

Parfois le délit se rend tellement raffiné qu'on le confond avec la sainteté et tellement cruel qu'il ressemble à la douceur.

Le délit revêt la toge du juge, la tunique du Maître, l'habit du mendiant, le costume du seigneur, voire même la tunique du Christ.

La compréhension est fondamentale, mais dans le travail de dissolution des agrégats psychiques, ce n'est pas tout, comme nous le verrons dans le chapitre suivant.

Il s'avère indispensable de nous rendre conscients sans délai de chaque Moi pour le séparer de notre psychisme, mais ce n'est pas tout, il manque encore quelque chose, voyer à ce sujet le chapitre 16.

# 15. La Kundalini

Nous sommes arrivés à un point très épineux, je veux faire allusion à cette question de la Kundalini, le serpent igné de nos pouvoirs magiques, cité dans beaucoup de textes de la sagesse orientale.

Indubitablement, la Kundalini est l'objet d'une abondante documentation, et c'est quelque chose qu'il vaut la peine d'étudier.

Dans les textes de l'Alchimie médiévale, la Kundalini est la « signature astrale » du sperme sacré, Stella Maris, la Vierge de la Mer, celle qui guide avec sagesse les travailleurs du Grand-Œuvre.

Chez les Aztèques elle est Tonantzin, pour les Grecs, la Chaste Diane et en Égypte elle est Isis, la Divine Mère, de qui aucun mortel n'a levé le voile.

Il n'y a aucun doute que le Christianisme Ésotérique n'a jamais cessé d'adorer la Divine Mère Kundalini. Évidemment pour eux elle est Marie ou, pour mieux dire, Ram-IO, Marah.

Ce que les religions orthodoxes n'ont pas spécifié, au moins en ce qui concerne le cercle exotérique ou public, c'est l'aspect d'ISIS en sa forme humaine individuelle.

Ostensiblement, c'est seulement dans le plus grand secret qu'on a enseigné aux initiés que cette Divine Mère existe individuellement au-dedans de chaque être humain.

Il n'est pas superflu d'affirmer de façon péremptoire que Dieu-Mère, Rhéa, Cybèle, Adonia, Isis, Marie, ou comme on veut bien l'appeler, est un aspect de notre propre Être individuel ici et maintenant.

Concrètement nous dirons que chacun de nous a sa propre Mère Divine particulière, individuelle.

Il y a autant de mères dans le ciel que de créatures existantes sur la face de la Terre.

La Kundalini est l'énergie mystérieuse qui fait exister le monde, un aspect de Brahma.

En son aspect psychologique manifeste dans l'anatomie occulte de l'être humain, la Kundalini se trouve enroulée trois fois et demie au-dedans d'un certain centre magnétique situé dans l'os coccygien.

C'est là qu'elle repose, engourdie, comme un quelconque serpent, la Divine Princesse.

Au centre de ce chakra ou lieu de repos existe un triangle femelle ou Yoni, où est établi un Lingam mâle.

Dans ce Lingam atomique ou magique qui représente le pouvoir sexuel créateur de Brahma, est enroulé le sublime serpent Kundalini.

La reine ignée, en son aspect de serpent, s'éveille avec le Secretum Secretorum d'un certain artifice alchimique que j'ai enseigné clairement dans mon œuvre intitulée « Le Mystère de la Fleuraison d'Or ».

Incontestablement, quand cette divine force s'éveille, elle monte victorieuse par le canal de la moelle épinière pour développer en nous les pouvoirs qui nous rendent divins.

Dans son aspect transcendantal divin subliminal, le serpent sacré, transcendant ce qui est purement physiologique, anatomique, est, comme je l'ai déjà dit, notre propre Être, mais dérivé.

Ce n'est pas mon propos d'enseigner dans ce traité la technique pour éveiller le serpent sacré.

Je veux seulement mettre bien en relief la crue réalité de l'Ego et l'urgence intérieure relative à la dissolution de ses divers éléments inhumains.

Le mental par lui-même ne peut modifier radicalement aucun défaut psychologique.

Le mental peut étiqueter n'importe quel défaut, le passer d'un niveau à un autre, le cacher à lui-même ou aux autres, le disculper, etc., mais jamais l'éliminer définitivement.

La compréhension est une chose fondamentale, mais ce n'est pas tout, il est nécessaire d'éliminer.

Un défaut observé doit être analysé et compris intégralement avant de procéder à son élimination.

Nous avons besoin d'un pouvoir supérieur au mental, d'un pouvoir capable de désintégrer atomiquement n'importe quel « moi-défaut » que nous avons préalablement découvert et jugé profondément.

Heureusement, un tel pouvoir gît profondément en nous, au-delà du corps, des affects et du mental, quoiqu'il ait sa manifestation concrète dans le centre coccygien comme nous l'avons déjà expliqué plus haut dans ce chapitre.

Après avoir compris intégralement un quelconque « moi-défaut », nous devons plonger dans une méditation profonde, en suppliant, priant, et demandant à notre Divine Mère particulière, individuelle, de désintégrer le « moi- défaut » préalablement compris.

Voilà la technique précise à laquelle nous devons recourir pour l'élimination des éléments indésirables que nous charrions dans notre intérieur.

La Divine Mère Kundalini a le pouvoir de réduire en cendres tout agrégat psychique subjectif, inhumain.

Sans cette technique, sans ce procédé, tout effort pour la dissolution de l'Ego se révèle infructueux, inutile, absurde.

# 16. Normes Intellectuelles

Dans le domaine de la vie quotidienne, chacun a son critère, sa manière plus ou moins rance de penser, et jamais il ne s'ouvre au nouveau ; ceci est irréfutable, indiscutable, incontestable.

Le mental de l'humanoïde intellectuel est dégénéré, détérioré, en franche involution.

À vrai dire, l'entendement de l'humanité actuelle ressemble à une vieille structure mécanique inerte et absurde, incapable par elle-même d'aucune flexibilité authentique.

Il manque de ductilité, il se trouve embouti dans une multitude de normes rigides et inadéquates.

Chacun a son critère et certains principes rigides au-dedans desquels il agit et réagit sans cesse.

Le plus grave dans tout cela est que les milliards de critères correspondent à des milliards de normes putréfiées et absurdes.

En tout cas jamais les gens ne sentent qu'ils se trompent, chaque tête est un monde et nul doute que parmi tant de détours mentaux il y a beaucoup de sophismes de distraction et des stupidités insupportables.

Mais le jugement obtus des foules ne soupçonne pas le moins du monde l'embouteillage intellectuel où il se trouve.

Les gens modernes, avec leur cerveau de moustique, ont une très bonne opinion d'eux-mêmes, ils se présument très libéraux, des super génies, ils croient qu'ils ont l'esprit très ouvert.

Les ignorants instruits s'avèrent les plus difficiles car en réalité, pour parler cette fois à la manière socratique on dira que : « non seulement ils ne savent pas, mais en plus ils ignorent qu'ils ne savent pas ».

Les vauriens de l'intellect, accrochés aux normes surannées du passé, réagissent violemment en vertu de leur propre embouteillage et refusent absolument d'accepter quoi que ce soit qui ne puisse pas s'ajuster à leurs normes d'acier.

Ils pensent, les pédants instruits, que tout cela qui, pour une raison ou pour une autre, sort du chemin rigide de leur procédure rouillée, est absurde à cent pour cent. C'est ainsi que ces pauvres gens au jugement si étroit se trompent eux-mêmes misérablement.

Les pseudo-savants de cette époque se présument géniaux, et ils regardent avec dédain ceux qui ont le courage de se dissocier de leurs normes rongées par le temps ; le pire de tout est qu'ils ne soupçonnent pas le moins du monde la réalité crue de leur propre bêtise.

La mesquinerie intellectuelle des mentaux rancis est telle qu'elle s'offre même le luxe d'exiger des démonstrations de ce qui est le réel, de ce qui n'est pas du mental.

Les gens à l'entendement rachitique et intolérant ne veulent pas comprendre que l'expérience du réel advient seulement en absence de l'ego.

Incontestablement, il sera absolument impossible de reconnaître les mystères de la vie et de la mort tant que le mental intérieur ne se sera pas ouvert au-dedans de nous-mêmes.

Il n'est pas superflu de répéter dans ce chapitre que seule la Conscience Superlative de l'Être peut connaître la Vérité.

Le mental intérieur ne peut fonctionner qu'avec les données qu'apporte la Conscience Cosmique de l'Être.

L'intellect subjectif, avec sa dialectique raisonneuse, ne peut rien savoir de ce qui échappe à sa juridiction.

Nous savons déjà que les concepts de la dialectique de la raison sont élaborés avec les renseignements apportés par les sens de la perception extérieure.

Ceux qui se trouvent embouteillés dans leurs procédés intellectuels et dans leurs normes fixes, offrent toujours une résistance à ces idées révolutionnaires.

Ce n'est qu'en dissolvant l'Ego d'une manière radicale et définitive qu'il est possible d'éveiller la conscience et d'ouvrir réellement le mental intérieur.

Cependant, puisque ces déclarations révolutionnaires n'entrent pas dans la logique formelle ni, non plus, dans la logique dialectique, la réaction subjective des esprits involutifs oppose une violente résistance.

Ces pauvres gens de l'intellect veulent mettre l'océan dans un verre ; ils supposent que l'université peut contrôler toute la sagesse de l'univers et que toutes les lois du cosmos sont obligées de se soumettre à leurs vieilles normes académiques.

Ils sont très loin de soupçonner, ces rustres, ces modèles d'érudition, l'état dégénéré où ils se trouvent.

Ces gens-là brillent parfois un moment quand ils viennent au monde ésotérique, mais ils s'éteignent bientôt comme des feux follets, ils disparaissent du panorama des inquiétudes spirituelles, l'intellect les avale et ils disparaissent de la scène pour toujours.

La superficialité de l'intellect ne peut jamais pénétrer dans le fond légitime de l'Être, cependant les processus subjectifs du rationalisme peuvent conduire les sots à n'importe quelle sorte de conclusions très brillantes mais absurdes.

Le pouvoir de formuler des concepts logiques n'implique absolument pas l'expérience authentique du réel.

Le jeu convaincant de la dialectique de la raison fascine le raisonneur lui-même en lui faisant toujours prendre des vessies pour des lanternes.

La brillante procession d'idées éblouit la fripouille de l'intellect et lui donne une certaine autosuffisance si absurde qu'elle rejette tout ce qui ne sent pas la poussière des bibliothèques et l'encre de l'université.

Le « delirium tremens » des ivrognes alcooliques a des symptômes qui ne peuvent pas tromper, mais celui des sobres enivrés de théories est facilement confondu avec la génialité.

En achevant ce chapitre nous dirons qu'il est certainement très difficile de savoir où finit l'intellectualisme des fripouilles et où commence la folie.

Tant que nous continuerons à être embouteillés dans les normes pourries et rances de l'intellect, il sera plus qu'impossible d'avoir l'expérience de ce qui n'est pas de l'entendement, de ce qui n'est pas du temps, de cela qui est le réel.

# 17. Le Couteau de la Conscience

Certains psychologues se représentent la conscience comme un couteau capable de nous séparer de ce qui est collé a nous et aspire notre force.

Ils croient, ces psychologues, que l'unique manière d'échapper au pouvoir de tel ou tel Moi est de l'observer chaque fois avec plus de clarté, en vue de le comprendre et d'en devenir pleinement conscients.

Ils pensent, ces gens, que c'est ainsi qu'on se sépare éventuellement de tel ou tel Ego, ne serait-ce que de l'espace du tranchant d'un couteau.

De cette manière, disent-ils, le Moi, séparé par la conscience, est semblable à une plante coupée.

Le seul fait de prendre conscience de quelque Moi signifie, selon eux, le séparer de notre Psychisme et le condamner à mort.

Indéniablement, un tel concept, apparemment très convaincant, échoue dans la pratique.

Le Moi qui grâce au couteau de la conscience a été retranché de notre personnalité et mis à la porte comme une brebis galeuse, continue dans l'espace psychologique, il devient un démon tentateur, il veut revenir dans sa maison, il ne se résigne pas si facilement, il ne veut en aucune façon manger le pain amer de l'exil, il cherche une occasion et, au moindre relâchement de la vigilance, il s'installe à nouveau dans notre psychisme.

Le plus grave est qu'en dedans du Moi banni se trouve toujours embouteillé un certain pourcentage d'essence, de conscience.

Tous les psychologues qui pensent ainsi n'ont jamais réussi à dissoudre aucun de leurs Ego ; en réalité, ils ont échoué.

On ne peut pas éluder cette question de la Kundalini, le problème est très grave.

En réalité, le « Fils Ingrat » ne progresse jamais dans le travail ésotérique sur lui-même.

Évidemment, le « Fils Ingrat » est tout homme qui méprise « Isis », notre Divine Mère Cosmique particulière, individuelle.

Isis est l'une des parties autonomes de notre propre Être, mais dérivée, le Serpent Igné de nos pouvoirs magiques, la Kundalini.

Il est manifeste que seule Isis a le pouvoir absolu de désintégrer n'importe quel Moi ; ceci est irréfutable, incontestable, indéniable.

Kundalini est un mot composé : Kunda vient nous rappeler « l'abominable organe Kundartigateur » ; Lini est un terme Atlante qui signifie fin.

« Kundalini » veut dire : « Fin de l'abominable organe Kundartigateur. » Il est donc urgent de ne pas confondre la Kundalini avec le Kundartigateur.

Nous avons déjà dit dans un chapitre antérieur que le Serpent Igné de nos pouvoirs magiques se trouve enroulé trois fois et demi au-dedans d'un certain centre magnétique situé dans l'os coccygien, à la base de l'épine dorsale.

Quand le serpent monte, c'est la Kundalini, quand il descend, c'est l'abominable organe Kundartigateur.

Grâce au « tantrisme blanc » le serpent s'élève victorieux par le canal médullaire de l'épine dorsale en éveillant les pouvoirs qui rendent divins.

Au moyen du « tantrisme noir », le serpent se précipite du coccyx vers les enfers atomiques de l'homme. C'est ainsi que beaucoup se convertissent en démons terriblement pervers.

Ceux qui tombent dans l'erreur d'attribuer au serpent ascendant toutes les caractéristiques sinistres et ténébreuses du serpent descendant, échouent définitivement dans le travail sur eux-mêmes.

Les mauvaises conséquences de l'abominable organe Kundartigateur ne peuvent être annihilées qu'avec la Kundalini.

Il n'est pas superflu de préciser que ces mauvaises conséquences sont cristallisées dans le Moi Pluralisé de la Psychologie Révolutionnaire.

Le pouvoir hypnotique du serpent descendant tient l'humanité submergée dans l'inconscience.

Seul le serpent ascendant, en s'y opposant, peut nous éveiller ; cette vérité est un axiome de la Sagesse Hermétique. Maintenant nous comprendrons mieux la profonde signification du mot sacré « Kundalini ».

La volonté consciente est toujours représentée par la femme sacrée : Marie, Isis, qui écrase la tête du serpent descendant.

Je déclare ici, franchement et sans ambages, que le double courant de lumière, le feu vif et astral de la terre, a été figuré, dans les anciens Mystères, par le serpent à tête de taureau, de bouc, ou de chien.

C'est le double serpent du caducée de Mercure. C'est le serpent tentateur de l'Éden ; mais c'est aussi, sans le moindre doute, le serpent d'airain de Moïse, entrelacé avec le Tau, c'est-à-dire avec le Lingam générateur.

C'est le Bouc du Sabbat et le Baphomet des Templiers Gnostiques, le Hylé du Gnosticisme Universel ; la double queue de serpent qui forme les pattes du coq solaire des Abraxas.

Le Lingam noir enfoncé dans la Yoni métallique, symboles du Dieu Shiva, la Divinité Hindoue, représente la clé secrète pour éveiller et développer le serpent ascendant ou Kundalini, à condition de ne jamais renverser de notre vie la « Coupe d'Hermès Trismégiste », le trois fois grand Dieu « Ibis-Thot ».

Nous avons parlé entre les lignes pour ceux qui peuvent entendre. Celui qui a de l'entendement qu'il entende, car ici il y a sagesse.

Les tantriques noirs sont différents, ils éveillent et développent l'abominable organe Kundartigateur, le serpent tentateur de l'Éden, lorsqu'ils commettent, dans leurs rites, le crime impardonnable de répandre le « Vin Sacré ».

# 18. Le Pays Psychologique

Incontestablement, de même qu'existe le pays extérieur où nous vivons, de même aussi dans notre intimité, existe le pays psychologique.

Les gens n'ignorent jamais la ville ou la contrée où ils vivent, malheureusement il arrive qu'ils ne connaissent pas le lieu psychologique où ils se trouvent situés.

À tel moment donné n'importe qui sait dans quel quartier ou village il se trouve, mais dans le domaine psychologique, il n'en va pas de même ; normalement les gens ne soupçonnent pas le moindrement l'endroit de leur pays psychologique qu'ils occupent à tel ou tel moment.

Ainsi que, dans le monde physique, existent des quartiers habités par des gens décents et cultivés, la même chose se produit aussi dans l'agglomération psychologique de chacun de nous : il n'y a pas de doute qu'on y trouve des quartiers très beaux et élégants.

De même que dans le monde physique il y a des secteurs ou des quartiers avec des ruelles très dangereuses, pleines d'assaillants, ainsi en est-il également dans la contrée psychologique de notre intérieur.

Tout dépend du genre de personnes que nous fréquentons. Si nous avons des amis ivrognes, nous finirons dans une taverne. Si nos amis sont des noceurs, notre destin nous conduira indubitablement dans les bordels.

Dans notre pays psychologique chacun de nous a ses compagnons, ses Moi, et ceux-ci nous mènent selon leurs caractéristiques psychologiques.

Une dame vertueuse et honorable, épouse magnifique, d'une conduite exemplaire, habitant une belle maison dans le monde physique, à cause de ses Ego luxurieux pourrait se trouver dans des antres de prostitution, dans son pays psychologique.

Un monsieur honorable d'une honnêteté impeccable, parfait citoyen, pourrait se trouver, dans sa contrée psychologique, plongé dans une caverne de voleurs, à cause de ses très mauvais compagnons : des Moi du vol, submergés dans les profondeurs de l'inconscient.

Un anachorète faisant pénitence, peut-être un moine angélique menant une vie austère au fond de sa cellule dans quelque monastère, pourrait se trouver situé, psychologiquement, dans un repaire d'assassins, de tueurs à gages, de fourbes, de trafiquants de drogues, à cause précisément des Ego infraconscients, ou inconscients, submergés profondément dans les replis les plus obscurs de son psychisme.

On nous a dit qu'il y a beaucoup de vertu chez les méchants, et beaucoup de méchanceté chez les vertueux.

Beaucoup de Saints canonisés vivent encore dans les antres psychologiques du vol ou dans des maisons de prostitution.

Ce que nous sommes en train d'affirmer pourrait scandaliser les bigots, les piétistes, les ignorants instruits, ou les modèles de savanterie, mais jamais les véritables psychologues.

Bien que cela semble incroyable, dans l'encens de la prière se cache aussi le délit.

Il se cache également parmi les rythmes de la poésie, sous la coupole sacrée des sanctuaires les plus divins ; le crime revêt la tunique de la sainteté et de la parole divine.

Dans le fin fond des saints les plus vénérables vivent les Moi de la prostitution, du vol, de l'homicide, etc.

Des compagnons infra-humains sont dissimulés dans les profondeurs insondables de l'inconscient.

Les saints de l'histoire ont beaucoup souffert à cause de cela : rappelons-nous les tentations de Saint-Antoine et toutes ces abominations contre lesquelles eut à lutter notre Frère François d'Assise.

Cependant ils n'ont pas tout dit, ces Saints, et la plupart des anachorètes se sont tus.

On s'étonne en pensant que certains anachorètes pénitents et très saints vivent dans les quartiers psychologiques de la prostitution et du vol.

Pourtant ils sont des Saints, et s'ils n'ont pas encore découvert ces choses épouvantables de leur psychisme, quand ils les découvriront, ils mettront des silices sur leurs chairs, ils feront des jeûnes, peut-être même se fouetteront-ils, et ils prieront leur Divine Mère Kundalini d'éliminer de leur psychisme ces mauvais compagnons qui se sont installés dans les antres ténébreux de leur propre pays psychologique.

Les différentes religions ont beaucoup parlé sur la vie après la mort et sur l'au-delà.

Que les pauvres gens ne se cassent plus la tête pour savoir ce qu'il y a là-bas, de l'autre côté, au delà du sépulcre.

Il est incontestable qu'après la mort chacun continue à vivre dans le paysage psychologique qu'il a toujours connu.

Le voleur continuera dans les cavernes de voleurs ; le luxurieux dans les maisons de rendez-vous comme fantôme de mauvais augure. L'irascible, le furieux, suivra son cours dans les ruelles dangereuses du vice et de la violence, là où brille le poignard et où retentissent les coups de pistolets.

L'Essence en elle-même est très belle, elle est venue d'en haut, des étoiles ; malheureusement elle est enfermée dans tous ces Moi que nous portons au-dedans.

Par son opposition, l'Essence peut rebrousser chemin, revenir au point de départ originel, retourner aux étoiles, mais elle doit d'abord se libérer des mauvais compagnons qui l'ont fourrée dans les faubourgs de perdition.

Quand François d'Assise et Antoine de Padoue, insignes Maîtres Christifiés, ont découvert dans leur intérieur les Moi de la perdition, ils ont souffert atrocement, mais il n'y a pas de doute qu'à partir de travaux conscients et de souffrances volontaires ils ont réussi à réduire en poussière cosmique l'ensemble des éléments inhumains qui peuplaient leur intérieur. Incontestablement ces Saints se sont Christifiés et sont revenus au point de départ originel après avoir beaucoup souffert.

Avant tout, il est nécessaire, il est urgent que le centre magnétique que nous avons établi de façon anormale dans notre fausse personnalité, soit transféré sans délai à l'Essence ; ainsi l'homme pourra-t-il entreprendre son voyage depuis la personnalité jusqu'aux étoiles, en s'élevant de manière didactique, progressive, degré par degré, sur la montagne de l'Être.

Tant que le centre magnétique continuera à être établi dans notre personnalité illusoire, nous vivrons dans les antres psychologiques les plus abominables, même si dans la vie quotidienne nous sommes de magnifiques citoyens.

Chacun a un centre magnétique qui le caractérise ; le commerçant a le centre magnétique du commerce et c'est pour cela que ses activités se déroulent dans les marchés, et qu'il attire ceux qui sont en affinité avec lui, les acheteurs et les marchands.

L'homme de science a dans sa personnalité le centre magnétique de la science et c'est pour cette raison qu'il attire à lui toutes les choses de la science, livres, laboratoires, etc.

L'ésotériste a en lui-même, le centre magnétique de l'ésotérisme et puisque cette sorte de centre n'a rien à voir avec les questions de la personnalité, le transfert se produit indubitablement.

Lorsque le centre magnétique s'établit dans la conscience, c'est-à-dire dans l'Essence, c'est alors que s'amorce pour l'homme le retour aux étoiles.

# 19. Les Drogues

Le dédoublement psychologique de l'homme nous permet de mettre en évidence la crue réalité d'un niveau supérieur en chacun de nous.

Lorsqu'on a pu vérifier par soi-même de manière directe le fait concret de deux hommes dans le même : l'inférieur au niveau normal, commun et courant, le supérieur à une octave plus élevée, c'est alors que tout change et que nous nous arrangeons pour agir dans la vie en accord avec les principes fondamentaux que nous portons dans la profondeur de notre Être.

De même qu'il existe une vie extérieure, il existe aussi une vie intérieure.

L'homme extérieur n'est pas tout, le dédoublement psychologique nous montre la réalité de l'homme intérieur.

L'homme extérieur a sa manière d'être ; il est une chose avec un grand nombre d'attitudes et de réactions typiques face à la vie, une marionnette mue par des fils invisibles.

L'homme intérieur est l'Être authentique, il dépend d'autres lois très différentes, jamais il ne pourrait devenir un robot.

L'homme extérieur ne fait rien pour rien, il pense qu'il a été mal payé de ses efforts, il s'apitoie sur lui-même, il s'estime trop ; s'il est soldat, il aspire à être général, s'il travaille dans une usine il proteste quand il n'obtient pas d'avancement, il veut que ses mérites soient dûment reconnus, etc.

Personne ne pourrait parvenir à la seconde naissance, renaître, comme dit l'Évangile du Seigneur, tant qu'il continue avec la psychologie de l'homme inférieur commun et courant.

Lorsque l'on reconnaît son propre néant, sa misère intérieure, quand on a le courage de réviser sa propre vie, indubitablement, on finit par apprendre par soi-même qu'on ne possède absolument aucune espèce de mérites.

*« Bienheureux les pauvres en esprit car ils recevront le Royaume des Cieux. »*

Les pauvres d'esprit ou indigents de l'esprit sont, réellement, ceux qui reconnaissent leur propre néant, orgueil et misère intérieure. Indéniablement, les êtres de cette sorte reçoivent l'illumination.

*« Il est plus facile à un chameau de passer par le trou d'une aiguille qu'à un riche d'entrer dans le Royaume des cieux. »*

Il est ostensible que le mental enrichi par tant de mérites, de décorations et de médailles, de vertus sociales distinguées et de théories académiques compliquées, n'est pas pauvre en esprit et par conséquent jamais il ne pourrait entrer dans le Royaume des cieux.

Pour entrer dans le Royaume il faut avoir sans tarder le trésor de la Foi. Tant que le dédoublement psychologique ne se sera pas produit en chacun de nous, la Foi sera quelque chose d'absolument impossible.

La Foi, c'est la connaissance pure, la sagesse expérimentale directe.

La Foi a toujours été confondue avec les vaines croyances. Nous, Gnostiques, ne devons jamais tomber dans une si grave erreur.

La Foi est l'expérience directe du réel ; expérience vécue, magnifique, de l'homme intérieur ; cognition divine authentique.

Il va sans dire que l'homme intérieur, en connaissant par expérience mystique directe ses propres mondes internes, connaît aussi les mondes internes de toutes les personnes qui peuplent la face de la Terre.

Personne ne pourrait connaître les mondes internes de la planète Terre, du système solaire et de la galaxie où nous vivons, s'il ne connaît pas au préalable ses propres mondes internes. Autrement, ce serait comme s'échapper de la vie par la fausse porte du suicide.

Les ultra-perceptions du narcomane ont leurs racines particulières dans l'abominable organe Kundartigateur, le serpent tentateur de l'Éden.

La conscience embouteillée dans les divers éléments qui constituent l'Ego, fonctionne en vertu de son propre embouteillage.

La conscience égoïque se trouve donc dans un état comateux, avec des hallucinations hypnotiques très similaires à celles de n'importe quel sujet qui se trouverait sous l'influence de quelque drogue.

Nous pouvons exposer cela de la manière suivante : les hallucinations de la conscience égoïque sont la même chose que les hallucinations provoquées par les drogues.

Évidemment, c'est l'abominable organe Kundartigateur qui est à l'origine de ces deux types d'hallucinations (voir le chapitre 17).

Indubitablement, les drogues annihilent les rayons Alpha, il est alors indéniable que l'on perd la connexion intrinsèque entre mental et cerveau : celui-ci devient en fait complètement hors d'usage.

Le narcomane convertit le vice en religion et, dérouté, il croit expérimenter le réel sous l'influence des drogues, ignorant que les perceptions extrasensorielles produites par la marihuana, la cocaïne, le L.S.D., l'héroïne, la morphine, le hachich, les champignons hallucinogènes, l'excès des pilules tranquillisantes, les amphétamines, les barbituriques, etc., ne sont que de simples hallucinations élaborées par l'abominable organe Kundartigateur.

Les narcomanes, involuant et dégénérant lentement, finissent par se submerger d'une manière définitive dans les mondes infernaux.

# 20. Inquiétudes

Il n'y a pas de doute qu'entre penser et sentir, il existe une grande différence, ceci est irréfutable.

Il y a une froideur terrible parmi les gens, c'est le froid de ce qui n'a pas d'importance, du superficiel.

Les foules croient que ce qui est sans importance est important ; elles supposent que la dernière mode ou la voiture dernier modèle, ou cette question du salaire minimum, sont les seules choses sérieuses.

Elles appellent sérieux la chronique du jour, l'aventure amoureuse, la vie sédentaire, le verre d'alcool, la course de chevaux, la course automobile, les matchs de boxe, les commérages, la calomnie, etc.

Évidemment quand l'homme du jour ou la femme du salon de beauté entendent parler d'ésotérisme, puisque ceci n'est pas dans leurs plans, ni dans leurs occupations, ni dans leurs plaisirs sexuels, ils répondent avec un « je ne sais quoi » de froideur épouvantable ou, tout simplement, ils tordent la bouche, haussent les épaules et se retirent avec indifférence.

Cette apathie psychologique, cette froideur épouvantable, a un double fondement : d'abord, l'ignorance la plus effroyable, enfin, l'absence la plus absolue d'inquiétudes spirituelles.

Il manque un contact, un choc électrique. Personne ne l'a donné dans le magasin, ni non plus dans ce que l'on croyait sérieux, encore moins dans les plaisirs du lit.

Si quelqu'un était capable de donner à l'imbécile homme froid ou à la petite femme superficielle, le contact électrique approprié, l'étincelle du cœur, quelque réminiscence étrange, un je ne sais quoi d'extrêmement intime, peut-être alors tout serait-il différent.

Mais n'importe quelle chose étouffe la petite voix secrète, la première impulsion du cœur, l'aspiration intime : probablement une sottise, le beau chapeau d'une vitrine, l'exquise friandise d'un restaurant, la rencontre d'un ami qui, plus tard, n'a plus pour nous aucune importance, etc.

Des sottises, des niaiseries, qui ne sont pas transcendantales, mais n'en ont pas moins à un moment donné, la force d'éteindre la première inquiétude spirituelle, l'aspiration intime, l'insignifiante étincelle de lumière, le vague pressentiment qui, sans savoir pourquoi, nous a inquiété pour un instant.

Si ceux qui aujourd'hui ne sont que des cadavres vivants, de froids noctambules de club, ou simplement des vendeurs de parapluies dans quelque magasin, n'avaient pas étouffé la première inquiétude intime, ils seraient en ce moment des luminaires de l'esprit, des adeptes de la lumière, des hommes authentiques dans le sens le plus complet du mot.

L'étincelle, l'impulsion, un soupir mystérieux, un je ne sais quoi, a été ressenti quelquefois par le boucher du coin, par le cireur de chaussures ou par le docteur de premier rang, mais tout a été en vain, les niaiseries de la personnalité éteignent toujours la première étincelle de lumière : il ne subsiste après que le froid de la plus épouvantable indifférence.

Incontestablement, les gens sont tôt ou tard avalés par la lune ; cette vérité se révèle irréfutable.

Il n'y a personne qui n'ait ressenti quelquefois dans sa vie un pressentiment, une étrange inquiétude, malheureusement une chose quelconque de la personnalité, si sotte qu'elle soit, est suffisante pour réduire en poussière cosmique ce qui dans le silence de la nuit nous avait inquiété pour un instant.

La lune gagne toujours ces batailles, elle s'alimente, elle se nourrit précisément de nos propres faiblesses.

La lune est terriblement mécaniste ; l'humanoïde lunaire, dépourvu complètement de toute espèce d'inquiétude solaire, est incohérent et se meut dans le monde de ses rêves.

Si quelqu'un faisait ce que personne ne fait, c'est-à-dire aviver l'intime inquiétude surgie peut-être dans le mystère de quelque nuit, il n'y a aucun doute qu'à la longue il assimilerait l'intelligence solaire et se convertirait de cette façon en homme solaire.

Voilà précisément ce que le soleil veut, mais ces ombres lunaires, tellement froides, apathiques et indifférentes sont toujours avalées par la lune, jusqu'à ce que la mort vienne tout égaliser.

La mort nivelle tout. N'importe quel cadavre vivant dépourvu d'inquiétudes solaires, dégénère terriblement, de manière progressive, jusqu'à ce que la lune le dévore.

Le soleil veut créer des hommes, il est en train de faire cet essai dans le laboratoire de la nature ; malheureusement cette expérience ne lui a pas donné de bons résultats, la lune avale les gens.

Cependant, ce que nous sommes en train de dire n'intéresse personne, et encore moins les ignorants instruits, qui se sentent très importants.

Le soleil a déposé dans les glandes sexuelles de l'animal intellectuel, improprement appelé homme, certains germes solaires qui, convenablement développés, pourraient nous transformer en hommes authentiques.

Cependant, l'expérimentation solaire s'avère épouvantablement difficile, à cause précisément du froid lunaire.

Les gens ne veulent pas coopérer avec le soleil et par conséquent, à la longue, les germes solaires involuent, dégénèrent et se perdent lamentablement.

La clavicule maîtresse de l'œuvre du soleil est dans la dissolution des éléments indésirables que nous charrions au-dedans.

Lorsqu'une race humaine perd tout intérêt pour les idées solaires, le soleil la détruit parce qu'elle ne lui sert plus à l'expérimentation.

Puisque la race actuelle est devenue insupportablement lunaire, terriblement mécanique et superficielle, elle ne sert plus à l'expérimentation solaire, raison plus que suffisante pour qu'elle soit détruite.

Pour qu'il y ait une inquiétude spirituelle continue, il faut transférer le centre magnétique de gravité à l'Essence, à la conscience.

Malheureusement, les gens ont le centre magnétique de gravité dans la personnalité : dans le café, dans la brasserie, dans les questions financières, dans la maison de rendez-vous, dans la place du marché, etc.

Évidemment ce sont toutes des choses de la personnalité, et le centre magnétique de cette personnalité attire toutes ces choses, cela est irréfutable, et n'importe quelle personne qui a du bon sens peut le constater par elle-même et d'une manière directe.

Par malheur, en lisant tout ceci, les canailles de l'intellect, habituées à discuter sans fin ou à se taire avec un orgueil insupportable, préfèrent jeter ce livre avec dédain et lire le journal.

Quelques gorgées de bon café et la chronique du jour s'avèrent un magnifique aliment pour les mammifères rationnels.

Cependant, ils se pensent très sérieux, ils sont indubitablement hallucinés par leurs propres divagations savantes, et ces choses de type solaire écrites dans ce livre insolent, les dérangent énormément. Nul doute que les yeux bohémiens des homoncules de la raison n'oseraient pas continuer l'étude de cette œuvre.

# 21. Méditation

Dans la vie, la seule chose importante c'est le changement radical, total et définitif ; le reste n'a franchement pas la moindre importance.

La méditation s'avère fondamentale si nous voulons sincèrement un tel changement.

Nous ne désirons absolument pas la méditation superficielle, vaine et non transcendante.

Il nous faut devenir sérieux et laisser de côté toutes ces sottises qui abondent là-bas dans le pseudo-ésotérisme et le pseudo-occultisme bon marché.

Il faut apprendre à être sérieux, nous devons apprendre à changer si en réalité et en vérité nous ne voulons pas échouer dans le travail ésotérique.

Celui qui ne sait pas méditer, le superficiel, le rustre, ne pourra jamais dissoudre l'Ego : il sera toujours un bout de bois impuissant dans la mer furieuse de la vie.

Un défaut découvert sur le terrain de la vie pratique doit être compris profondément à travers la technique de la méditation.

Le matériel didactique pour la méditation se trouve précisément dans les différents évènements ou circonstances de la vie quotidienne, ceci est irréfutable.

Les gens protestent toujours contre les évènements désagréables, ils ne savent jamais voir l'utilité de ces évènements.

Nous, au lieu de protester contre les circonstances désagréables, nous devons en extraire, au moyen de la méditation, les éléments utiles pour notre croissance animique.

La méditation profonde sur telle ou telle circonstance agréable ou désagréable nous permet d'en dégager la saveur, le résultat.

Il est nécessaire de faire une nette différenciation psychologique entre la saveur-travail et la saveur-vie.

En tout cas, pour bien sentir en nous-mêmes la saveur- travail, il faut effectuer une inversion totale de l'attitude avec laquelle nous prenons les circonstances de la vie.

Aucune personne ne pourrait goûter la saveur-travail si elle commettait l'erreur de s'identifier avec les divers évènements.

Certainement, l'identification empêche la correcte appréciation psychologique des évènements.

Quand on s'identifie avec telle ou telle situation, on n'arrive en aucune façon à en extraire les éléments utiles pour la découverte de soi-même et le développement intérieur de la conscience.

Le travailleur ésotérique qui retourne à l'identification après avoir abandonné la garde, ressent de nouveau la saveur-vie au lieu de la saveur-travail.

Cela indique que l'attitude psychologique qui avant était inversée, revient à son état d'identification.

N'importe quelle circonstance désagréable doit être reconstruite au moyen de l'imagination consciente, à travers la technique de la méditation.

La reconstruction d'une scène quelconque, nous permet de constater par nous-mêmes et d'une manière directe l'intervention de divers Moi participants dans cette scène.

Exemple : dans une scène de jalousie amoureuse interviennent des Ego de colère, de jalousie et même de haine.

Comprendre chacun de ces Moi, chacun de ces facteurs implique, en fait, une réflexion, une concentration et une méditation profondes.

La tendance marquée à inculper les autres est un empêchement, un obstacle à la compréhension de nos propres fautes.

Malheureusement, cela s'avère une tâche très difficile de détruire en nous la tendance à incriminer les autres.

Au nom de la vérité nous devons dire que nous sommes les seuls coupables pour les diverses circonstances désagréables de la vie.

Les différents évènements agréables ou désagréables existent avec nous ou sans nous et ils se répètent continuellement d'une manière mécanique.

En partant de ce principe, aucun problème ne peut avoir de solution finale.

Les problèmes font partie de la vie et s'il y avait une solution finale, la vie ne serait plus la vie mais la mort.

Donc, il peut y avoir une modification des circonstances et des problèmes, mais jamais ils ne cesseront de se répéter et jamais ils n'auront de solution finale.

La vie est une roue qui tourne mécaniquement avec toutes les circonstances agréables et désagréables, toujours récurrentes.

Nous ne pouvons pas arrêter la roue, les circonstances bonnes ou mauvaises se produisent toujours d'une manière mécanique, la seule chose que nous pouvons changer c'est notre attitude devant les évènements de la vie.

À mesure que nous apprenons à extraire des circonstances de la vie le matériel pour la méditation nous nous découvrons nous-mêmes progressivement.

Dans n'importe quelle circonstance agréable ou désagréable il y a divers Ego qui doivent être compris intégralement avec la technique de la méditation.

Cela signifie que tout groupe de Moi intervenant dans quelque drame, comédie ou tragédie de la vie quotidienne, une fois compris devra être éliminé grâce au pouvoir de la Divine Mère Kundalini.

À mesure que nous faisons usage du sens de l'observation psychologique, celui-ci se développe merveilleusement. Nous pouvons alors percevoir les Ego pendant le travail de la méditation.

Il s'avère intéressant de percevoir intérieurement les Moi, non seulement avant qu'ils aient été travaillés, mais aussi pendant tout le travail.

Lorsque ces Ego sont décapités et désintégrés, nous ressentons un grand soulagement, un grand bonheur.

# 22. Retour et Récurrence

Un homme est ce qu'est sa vie : si un homme ne travaille pas sa propre vie, il perd son temps misérablement.

Ce n'est qu'en éliminant les éléments indésirables que nous charrions dans notre intérieur que nous pouvons faire de notre vie un chef-d'œuvre.

La mort est le retour au commencement de la vie, avec la possibilité de la répéter sur la scène d'une nouvelle existence.

Les diverses écoles de type pseudo-ésotérique et pseudo-occultiste soutiennent l'éternelle théorie des vies successives ; un tel concept est erroné.

La vie est un film ; une fois terminée la projection, nous enroulons le ruban sur sa bobine et nous l'emportons vers l'éternité.

La rentrée, le retour existe ; en revenant dans ce monde nous projetons sur l'écran de l'existence le même film, la même vie.

Nous pouvons soutenir la thèse des existences successives ; mais non pas celle des vies successives parce que le film est toujours le même.

L'être humain a trois pour cent d'Essence libre et quatre-vingt-dix-sept pour cent d'Essence embouteillée dans les Moi.

Quand on retourne, le trois pour cent d'Essence libre imprègne totalement l'œuf fécondé ; indubitablement nous continuons dans la semence de nos descendants.

Pour la personnalité c'est différent, il n'y a aucun lendemain pour la personnalité du mort, celle-ci se dissout lentement dans le cimetière.

Seulement chez le nouveau-né se trouve réincorporé le petit pourcentage d'essence libre : ceci donne à la créature une autoconscience et une beauté intérieure.

Les divers Ego qui reviennent tournent autour du nouveau-né, ils vont et viennent partout librement, ils voudraient s'introduire dans la machine organique mais cela est impossible tant que n'a pas été créée une nouvelle personnalité.

Il faut savoir que la personnalité est énergétique et qu'elle se forme à travers le temps avec l'expérience.

Il est écrit que la personnalité se crée pendant les sept premières années de l'enfance et que par la suite elle se fortifie et se renforce avec toutes les expériences de la vie quotidienne.

Les Moi commencent à intervenir peu à peu dans la machine organique au fur et à mesure que la nouvelle personnalité se crée.

La mort est un relevé de compte ; une fois l'opération mathématique terminée, la seule chose qui continue ce sont les valeurs (c'est-à-dire les Moi bons et mauvais, utiles et inutiles, positifs et négatifs).

Dans la lumière astrale, les valeurs s'attirent et se repoussent mutuellement selon les lois de l'aimantation universelle.

Nous sommes des points mathématiques dans l'espace, servant de véhicule à une somme déterminée de valeurs.

Dans la personnalité humaine de chacun de nous il y a toujours ces valeurs qui servent de fondement à la Loi de Récurrence.

Tout arrive de nouveau comme c'est déjà arrivé, plus le résultat ou la conséquence de nos actions précédentes.

Étant donné qu'au-dedans de chacun de nous existent de nombreux Moi des vies précédentes, nous pouvons affirmer d'une manière péremptoire que chacun d'eux est une personne différente.

Ceci nous amène à comprendre qu'au-dedans de chacun de nous vit un très grand nombre de personnes avec différents engagements (ou compromissions).

Dans la personnalité d'un voleur existe une véritable caverne de voleurs ; dans la personnalité d'un homicide existe tout un club d'assassins ; dans la personnalité d'un luxurieux il y a une maison de rendez-vous ; dans la personnalité de n'importe quelle prostituée existe tout un bordel, etc.

Chacune de ces personnes que nous charrions dans notre propre personnalité a ses problèmes et ses engagements.

Des gens vivant au-dedans des gens, des personnes habitant dans les personnes, cela constitue une chose irréfutable, incontestable.

Ce qui est grave dans tout cela c'est que chacune de ces personnes ou Ego qui vivent au-dedans de nous, vient d'anciennes existences et qu'elle a des engagements déterminés.

Le Moi qui dans l'existence antérieure a eu une aventure amoureuse à l'âge de trente ans, dans la nouvelle existence attendra le même âge pour se manifester, et à ce moment-là il cherchera la personne de ses rêves, il se mettra en contact télépathique avec elle et à la fin viendra la rencontre et la répétition de la scène.

L'Ego qui à l'âge de quarante ans a eu un procès pour des questions d'ordre matériel, dans la nouvelle existence attendra le même âge pour répéter la même dispute.

Le Moi qui à l'âge de vingt-cinq ans s'est battu avec un autre homme au bar ou à la taverne, attendra dans la nouvelle existence d'avoir de nouveau vingt-cinq ans pour rechercher son adversaire et répéter la tragédie.

Les Moi de l'une et de l'autre personne, se cherchent mutuellement au moyen des ondes télépathiques, et ensuite se retrouvent pour répéter mécaniquement la même chose.

Voilà réellement la mécanique de la Loi de Récurrence ; voilà la tragédie de la vie.

À travers des milliers d'années les divers personnages se rencontrent à nouveau pour revivre les mêmes drames, comédies et tragédies.

La personne humaine n'est plus qu'une machine au service de ces Moi qui ont tant de compromissions.

Le pire de toute cette affaire est que tous les engagements des gens que nous portons dans notre intérieur, sont remplis sans que notre entendement en ait quelque information préalable.

Notre personnalité humaine semble, dans ce sens, un char tiré par de nombreux chevaux.

Il y a des vies qui se répètent d'une manière absolument exacte, des existences récurrentes qui ne se modifient jamais.

Les comédies, drames et tragédies, ne pourraient en aucune façon se répéter sur l'écran de l'existence s'il n'y avait pas d'acteurs.

Les acteurs de toutes ces scènes sont les Moi que nous charrions dans notre intérieur et qui proviennent d'anciennes existences.

Si nous désintégrons les Ego de la colère, les scènes tragiques de la violence se terminent inévitablement.

Si nous réduisons en poussière cosmique les agents secrets de la convoitise, les problèmes qu'ils provoquent prendront fin.

Si nous annihilons les Moi de la luxure, les scènes de bordel et de morbidité arrivent à leur terme.

Si nous réduisons en cendres les personnages secrets de l'envie, les évènements qui s'y rapportent cesseront radicalement.

Si nous tuons les Moi de l'orgueil, de la vanité, de l'auto-importance, de l'amour-propre, les scènes ridicules de ces défauts finiront, par manque d'acteurs.

Si nous éliminons de notre psychisme les facteurs de la paresse, de l'inertie, de la mollesse, les scènes horripilantes caractéristiques de cette sorte de défauts ne pourront plus se répéter, par manque d'acteurs.

Si nous pulvérisons les Ego dégoûtants de la gourmandise, de la gloutonnerie, les banquets, les soûleries, etc., se termineront, par manque d'acteurs.

Puisque ces divers Moi opèrent de manière déplorable dans les différents niveaux de l'Être, il devient nécessaire de connaître leurs causes, leur origine, aussi bien que les procédés christiques qui devront nous conduire finalement à la mort du moi-même et à la libération finale.

Étudier le Christ intime, étudier l'ésotérisme christique est fondamental lorsqu'il s'agit de provoquer en nous un changement radical et définitif : voilà ce que nous étudierons dans les prochains chapitres.

# 23. Le Christ Intime

Le Christ est le Feu du Feu, la Flamme de la Flamme, la Signature Astrale du Feu.

Sur la Croix du Martyr du Calvaire est défini le Mystère du Christ, à l'aide d'un unique mot de quatre lettres, INRI : Ignis Natura Renovatur Integra. Le Feu Renouvelle Incessamment la Nature.

L'Avènement du Christ dans notre cœur nous transforme radicalement.

Le Christ est le Logos Solaire, Unité Multiple parfaite. Le Christ est la vie qui palpite dans l'univers entier, il est ce qui est, ce qui a toujours été et ce qui sera toujours.

On a beaucoup parlé sur le Drame Cosmique ; incontestablement, ce Drame est constitué par les quatre Évangiles.

On nous a dit que le Drame Cosmique a été apporté à la Terre par les Élohim. Un Grand Seigneur de l'Atlantide a représenté ce drame en chair et en os.

Le Grand Kabire Jésus a aussi représenté le même Drame publiquement en Terre Sainte.

Le Christ aurait beau naître mille fois à Bethléem, cela ne servirait à rien s'il ne naissait aussi dans notre cœur.

Quoiqu'il soit mort et ressuscité d'entre les morts le troisième jour, cela ne sert à rien s'il ne meurt et ne ressuscite en nous également.

Essayer de découvrir la nature et l'essence du feu, c'est essayer de découvrir Dieu dont la présence réelle s'est toujours révélée sous l'apparence ignée.

Le buisson ardent (Exode 3:2) et l'incendie du Sinaï, lorsque le Décalogue fut proclamé (Exode 19:18) sont deux manifestations par lesquelles Dieu se présenta à Moïse.

Saint-Jean décrit le Seigneur de l'Univers sous la figure d'un Être de Jaspe et de Sardoine couleur de flamme, assis sur un Trône incandescent et fulgurant (Apocalypse 4:3, 5). *« Notre Dieu est un Feu Dévorateur »*, écrit Saint-Paul dans son Épître aux Hébreux.

Le Christ intime, le Feu Céleste, doit naître en nous, et il naît en réalité quand nous nous sommes suffisamment avancés dans le travail psychologique.

Le Christ intime doit éliminer de notre nature psychologique les causes même de l'erreur : Les « mois-causes ».

La dissolution des causes de l'Ego n'est pas possible tant que le Christ intime ne naît pas en nous.

Le Christ intime est le Feu vivant et Philosophal, le Feu du Feu, le Pur du Pur.

Le Feu nous enveloppe et nous pénètre de partout, il vient à nous par l'air, par l'eau et même par la terre, qui constituent ses conservateurs et ses différents véhicules.

Le Feu Céleste qui doit se cristalliser en nous, est le Christ intime, notre Sauveur intérieur profond.

Le Seigneur Intime doit prendre en charge tout notre Psychisme, les cinq cylindres de la machine organique, tous nos processus mentaux, émotifs, moteurs, instinctifs, sexuels.

# 24. Travail Christique

Le Christ Intime surgit intérieurement dans le travail relatif à la dissolution du Moi psychologique.

Nul doute que le Christ intérieur ne survient qu'au moment où culminent nos efforts intentionnels et nos souffrances volontaires.

L'avènement du Feu Christique est l'évènement le plus important de notre propre vie.

Le Christ Intime prend alors en charge tous nos processus mentaux, émotifs, moteurs, instinctifs et sexuels.

Incontestablement, le Christ intime est notre Sauveur intérieur profond.

Lui, tout en étant parfait, en entrant en nous semble imparfait ; chaste, il paraît ne pas l'être ; tout en étant juste, il semble qu'il ne l'est pas.

Ceci est semblable aux différentes réflexions de la lumière. Si nous portons des lunettes bleues, tout nous paraîtra bleu, et si nous en portons des rouges, nous verrons toutes les choses de cette couleur.

Lui, bien qu'il soit blanc, en le regardant de l'extérieur, chacun le verra à travers le cristal psychologique avec lequel il regarde ; voilà pourquoi le voyant, les gens ne le voient pas.

En prenant en charge tous nos processus psychologiques, le Seigneur de perfection souffre l'indicible.

Devenu un homme parmi les hommes, il devra passer par de nombreuses épreuves et supporter de terribles tentations.

La tentation est feu, le triomphe sur la tentation est lumière.

Il est écrit, et les Alchimistes le savent, que l'initié doit apprendre à vivre dangereusement.

L'initié doit parcourir avec fermeté le « Sentier du fil du Rasoir » ; d'un côté et de l'autre du difficile chemin il y a des abîmes épouvantables.

Sur le sentier difficile de la dissolution de l'Ego il y a des chemins ardus qui ont leur racine précisément dans le chemin réel.

Nul doute que du sentier du fil du Rasoir partent de nombreux sentiers qui ne conduisent nulle part. Il y en a quelques-uns qui nous amènent à l'abîme et au désespoir.

Il existe des chemins qui pourraient nous convertir en souverains de telles ou telles zones de l'univers mais qui, en aucune manière, ne nous feraient retourner au Sein de l'Éternel Père Cosmique Commun.

Il y a des sentiers fascinants, ineffables, de très sainte apparence, mais qui, malheureusement, ne peuvent nous conduire qu'à l'involution des mondes infernaux submergés.

Dans le travail de la dissolution du Moi, il nous faut nous abandonner tout entier au Christ Intérieur.

Il surgit parfois des problèmes de solution difficile ; tout à coup le chemin se perd dans des labyrinthes inextricables, et l'on ne sait plus par où il faut aller. Seule l'obéissance absolue au Christ Intérieur et au Père qui « est en Secret » peut, en tel cas, nous orienter sagement.

Le Sentier du fil du Rasoir est plein de dangers au-dedans et au-dehors.

La morale conventionnelle ne sert à rien : la morale est esclave des mœurs, de l'époque, de l'endroit.

Ce qui a été moral lors des époques passées, se révèle maintenant immoral. Ce qui a été moral au Moyen-Âge, peut de nos jours s'avérer immoral. Ce qui dans un pays est moral, dans un autre est immoral, etc.

Dans le travail de la dissolution de l'Ego il arrive parfois que lorsque nous pensons que nous allons bien, en réalité nous allons très mal.

Les changements sont indispensables durant la progression ésotérique, mais les gens réactionnaires demeurent embouteillés dans le passé, ils se pétrifient dans le temps, ils lancent des éclairs et tonnent contre nous à mesure que nous réalisons des progrès psychologiques profonds et des changements radicaux.

Les gens ne supportent pas les changements de l'Initié, ils veulent que celui-ci continue à être pétrifié dans le passé.

N'importe quel changement que l'initié réalise est immédiatement qualifié d'immoral.

En regardant les choses de ce point de vue et à la lumière du travail Christique on peut mettre clairement en évidence l'inefficacité des divers codes de morale qui ont été écrits dans le monde.

Il est incontestable que lorsque le Christ prend en charge nos divers états psychologiques tout en restant inconnu des gens, Lui qui est manifeste mais néanmoins caché dans le cœur de l'homme réel, on Le qualifie alors de cruel, d'immoral et de pervers.

Il s'avère paradoxal que les gens adorent le Christ et néanmoins lui attribuent de si horribles qualificatifs.

Évidemment, les gens inconscients et endormis veulent seulement un Christ historique et anthropomorphe, aux statues et aux dogmes inébranlables, auquel ils puissent accommoder facilement tous leurs codes de morale ignoble et rance, tous leurs préjugés et conditionnements.

Les gens ne peuvent jamais concevoir le Christ Intime dans le cœur de l'homme ; les foules adorent seulement le Christ-Statue, et c'est tout.

Quand on parle aux foules, quand on leur proclame la crue réalité du Christ révolutionnaire, du Christ rouge, du Christ rebelle, on reçoit aussitôt les qualificatifs suivants : blasphémateur, hérétique, méchant, profanateur, sacrilège, etc.

Ainsi sont les foules, toujours inconscientes, toujours endormies. Maintenant nous comprendrons pourquoi le Christ, crucifié sur le Golgotha, s'est écrié de toutes les forces de son âme : *« Mon Père, pardonne-leur, car ils ne savent ce qu'ils font. »*

Le Christ en lui-même étant Un, apparaît comme plusieurs ; c'est pour cela qu'on a dit qu'il est Unité Multiple Parfaite. À celui qui connaît, la parole donne pouvoir, personne ne l'a prononcée, personne ne la prononcera, si ce n'est celui qui l'a incarné.

L'incarner est fondamental dans le travail avancé sur le Moi pluralisé.

Le Seigneur de perfection travaille en nous dans la mesure où nous faisons des efforts conscients dans le travail sur nous-mêmes.

Le travail que le Christ Intime doit réaliser dans notre propre psychisme s'avère épouvantablement douloureux.

En vérité notre Maître intérieur doit vivre tout son chemin de croix au fond même de son âme.

Il est écrit : « *Frappe et l'on t'ouvrira, cherche et tu trouveras.* » Il est écrit également : « *Aide-toi, le ciel t'aidera.* »

Supplier la Divine Mère Kundalini est fondamental quand il s'agit de dissoudre les agrégats psychiques indésirables ; cependant, le Christ Intime, dans les tréfonds du moi-même, travaille sagement en accord avec les responsabilités qu'il a lui-même prises sur ses épaules.

# 25. Le Chemin Difficile

Incontestablement, il existe en nous-mêmes un côté obscur que nous ne connaissons pas ou que nous n'acceptons pas ; nous devons diriger la lumière de la conscience vers cette face ténébreuse de nous-mêmes.

Tout l'objet de nos enseignements Gnostiques est de rendre la connaissance de nous-mêmes consciente.

Lorsqu'en soi-même on a beaucoup de choses que l'on ne connaît ni n'accepte, alors ces choses nous compliquent affreusement la vie et provoquent en vérité toutes sortes de situations qui pourraient être évitées grâce à la connaissance de soi.

Le pire c'est que nous projetons sur d'autres personnes ce côté inconnu et inconscient de nous-mêmes ; nous le voyons alors en elles.

Par exemple, nous les voyons menteuses, infidèles, mesquines, etc., selon ce que nous charrions dans notre intérieur.

La Gnose dit, sur cette question particulière, que nous vivons dans une très petite partie de nous-mêmes. Cela signifie que notre conscience s'étend seulement à une partie très réduite de nous-mêmes.

Le but du travail ésotérique gnostique c'est d'agrandir clairement notre propre conscience.

Indubitablement, tant que nous ne serons pas en bonne relation avec nous-mêmes, nous ne le serons pas non plus avec les autres, et le résultat sera des conflits de toute espèce.

Il est indispensable de nous rendre beaucoup plus conscients de nous-mêmes au moyen de l'observation directe de soi.

Une règle générale concernant le travail ésotérique gnostique c'est que lorsque nous ne nous entendons pas avec quelque personne, nous pouvons être assurés que nous sommes devant la chose même sur laquelle il est nécessaire de travailler en nous-mêmes.

Ce que l'on critique tellement chez les autres c'est quelque chose qui repose dans le côté obscur de soi-même, et que l'on ne connaît ni ne veut reconnaître.

Dans ces conditions, le côté obscur de nous-mêmes est très grand, mais quand la lumière de l'auto-observation illumine ce côté obscur, la conscience s'accroît grâce à la connaissance de soi.

Voilà le Sentier du fil du Rasoir, plus amer que le fiel, beaucoup le commencent, très rares sont ceux qui arrivent au but.

De même que la Lune a une face cachée que l'on ne peut voir, ainsi en est-il de la Lune psychologique que nous charrions dans notre intérieur.

De toute évidence, cette Lune psychologique est formée par l'Ego, le Moi, le Moi-même, le Soi-même.

Dans cette Lune psychologique nous charrions des éléments inhumains qui épouvantent, qui horrifient et qu'en aucune façon nous n'accepterions d'avoir.

Cruel chemin que celui de l'Autoréalisation Intime de l'Être ! Combien de précipices !, de passages difficiles ! Quels horribles Labyrinthes !

Parfois, après mille tours et détours, après des montées effrayantes et de périlleuses descentes, le chemin intérieur se perd dans des déserts de sable, on ne sait plus où il se poursuit et pas un seul rayon de lumière ne l'éclaire.

Sentier rempli de dangers au-dedans et au-dehors ; chemin de mystères indicibles où ne souffle qu'une haleine de mort.

Sur ce chemin intérieur, lorsqu'on croit qu'on va très bien, en réalité on va très mal.

Sur ce chemin intérieur, quand on croit qu'on va très mal, il arrive qu'on marche très bien.

Sur ce chemin secret il y a des moments où l'on ne sait plus au juste ce qui est bon ou mauvais.

Ce qui normalement est défendu, devient parfois ce qui est juste ; c'est ainsi qu'est le chemin intérieur.

Tous les Codes de morale sont manifestement de trop sur le chemin intérieur ; une belle maxime, ou un beau précepte moral, dans certaines circonstances peuvent constituer un très sérieux obstacle pour l'Autoréalisation Intime de l'Être.

Heureusement, le Christ intime travaille intensément depuis les profondeurs mêmes de notre Être ; il souffre, pleure, et désintègre les éléments si dangereux que nous portons dans notre intérieur.

Le Christ naît comme un enfant dans le cœur de l'homme, mais à mesure qu'il élimine les éléments indésirables que nous portons au-dedans il grandit peu à peu jusqu'à devenir un Homme Complet.

# 26. Les Trois Traîtres

Dans le travail intérieur profond, sur le terrain de la stricte auto-observation psychologique, nous devons vivre de façon directe le drame cosmique.

Le Christ intime doit éliminer tous les éléments indésirables que nous charrions dans notre intérieur.

Dans nos profondeurs psychologiques, les multiples agrégats psychiques demandent en criant la crucifixion du Seigneur Intérieur.

Incontestablement, chacun de nous porte dans son psychisme les trois traîtres.

Judas, le démon du désir ; Pilate, le démon du mental ; Caïphe, le démon de la mauvaise volonté.

Ces trois traîtres crucifient le Seigneur de Perfection dans la profondeur même de notre âme.

Il s'agit de trois types spécifiques d'éléments inhumains, fondamentaux dans le drame cosmique.

Indubitablement, ce drame a toujours été vécu secrètement dans les profondeurs de la Conscience Superlative de l'Être.

Le drame cosmique n'est donc pas la propriété exclusive du Grand Kabire Jésus, comme le supposent toujours les ignorants érudits.

Les Initiés de tous les âges, les Maîtres de tous les siècles, ont dû vivre le drame cosmique au-dedans d'eux-mêmes, ici et maintenant.

Cependant, Jésus, le Grand Kabire, a eu le courage de représenter ce drame intime publiquement, dans la rue, et à la lumière du jour, pour dévoiler le sens de l'initiation à tous les êtres humains sans distinction de race, de sexe, de caste ou de couleur.

Il est merveilleux qu'il y ait eu quelqu'un pour enseigner, de façon publique, le drame intime à tous les peuples de la Terre.

Le Christ Intime, tout en n'étant pas un luxurieux, doit éliminer de lui-même les éléments psychologiques de la luxure.

Le Christ Intime, étant en lui-même paix et amour, doit éliminer de lui-même les éléments indésirables de la colère.

Le Christ Intime, tout en n'étant pas cupide, doit éliminer de lui-même les éléments indésirables de la convoitise.

Le Christ Intime, tout en n'étant pas envieux, doit éliminer de lui-même les agrégats psychiques de l'envie.

Le Christ Intime qui est humilité parfaite, modestie infinie, simplicité absolue, doit éliminer de lui-même les répugnants éléments de l'orgueil, de la vanité, de la présomption.

Le Christ Intime, le Verbe, le Logos Créateur qui toujours vit dans une permanente activité, doit éliminer de notre intérieur, en lui-même et par lui-même, les éléments indésirables de l'inertie, de la paresse, de la stagnation.

Le Seigneur de Perfection, rompu à tous les jeûnes, tempéré, jamais ami des soûleries et des grands banquets, doit éliminer de lui-même les éléments abominables de la gourmandise.

Étrange symbiose que celle du Christ Jésus, du Christ Homme ; remarquable mélange du divin et de l'humain, de la perfection et de l'imperfection, épreuve constante pour le Logos.

Le plus intéressant de tout cela c'est que le Christ Secret est toujours un triomphateur, quelqu'un qui perpétuellement vainc les ténèbres, quelqu'un qui élimine les ténèbres au-dedans de lui-même, ici et maintenant.

Le Christ Secret est le Seigneur de la Grande Rébellion, rejeté par les prêtres, par les anciens et par les scribes du temple.

Les prêtres le haïssent, c'est-à-dire ne le comprennent pas, ils veulent que le Seigneur de Perfection vive exclusivement dans le temps, en accord avec leurs dogmes inébranlables.

Les anciens, c'est-à-dire les habitants de la terre, les bons maîtres de maison, les gens sensés, les gens d'expérience, abhorrent le Logos, le Christ Rouge, le Christ de la Grande Rébellion parce que celui-ci échappe au monde de leurs habitudes et coutumes surannées, réactionnaires et pétrifiées dans le lourd passé.

Les scribes du temple, les fripouilles de l'intellect, abhorrent le Christ Intime parce qu'il est l'antithèse de l'Antéchrist, c'est-à-dire l'ennemi déclaré de toute cette pourriture des théories universitaires qui abondent tellement dans les marchés des corps et des âmes.

Les trois traîtres haïssent mortellement le Christ Secret et le mettent à la mort au-dedans de nous-mêmes et dans notre propre espace psychologique.

Judas, le démon du désir, échange toujours le Seigneur pour trente pièces d'argent, c'est-à-dire pour de la boisson, de l'argent, de la renommée, des vanités, des fornications, des adultères, etc.

Pilate, le démon du mental, se lave toujours les mains, se déclare toujours innocent, il n'est jamais coupable, il se justifie constamment devant lui-même et devant les autres, il cherche des excuses, des échappatoires, pour éluder ses propres responsabilités, etc.

Caïphe, le démon de la mauvaise volonté, trahit sans cesse le Seigneur au-dedans de nous-mêmes ; l'Adorable Intime lui donne le bâton pour qu'il garde ses brebis, cependant le traître cynique fait de l'autel un lit de plaisirs, il fornique sans arrêt, il adultère, il vend les sacrements, etc.

Ces trois traîtres font souffrir secrètement l'Adorable Seigneur Intime sans aucune compassion.

Pilate lui fait mettre une couronne d'épines sur la tête, les malveillants Ego le flagellent, l'insultent, le maudissent dans l'espace psychologique intime, sans pitié d'aucune sorte.

# 27. Les « Mois-Causes »

Les multiples éléments subjectifs qui constituent l'ego ont des racines causales.

Les « mois-causes » sont liés aux lois de Cause et d'Effet. Évidemment il ne peut exister de cause sans effet, ni d'effet sans cause ; ceci est incontestable, indubitable.

L'élimination des divers éléments inhumains que nous charrions dans notre intérieur serait inconcevable, si on n'éliminait pas radicalement les causes intrinsèques de nos défauts psychologiques.

Évidemment les « mois-causes » se trouvent étroitement associés à certaines dettes karmiques.

Seuls le repentir le plus profond et les négociations avec les Seigneurs de la Loi, peuvent nous accorder le bonheur d'obtenir la désintégration de tous ces éléments causatifs, ce qui, d'une manière ou d'une autre, peut nous conduire à l'élimination définitive des éléments indésirables.

Les causes intrinsèques de nos fautes peuvent certainement être déracinées de nous-mêmes grâce aux travaux efficaces du Christ Intime.

Bien entendu, les « mois-causes » sont habituellement d'une complexité épouvantable.

Exemple : un étudiant ésotériste pourrait être trompé par son instructeur et en conséquence ce néophyte deviendrait sceptique. Dans ce cas concret le « moi-cause » qui origine une telle erreur ne pourrait être désintégré qu'au moyen d'un suprême repentir intime et de négociations ésotériques très spéciales.

Le Christ Intime travaille intensément au-dedans de nous-mêmes, en éliminant, par des travaux conscients et des souffrances volontaires, toutes les causes secrètes de nos erreurs.

Le Seigneur de perfection doit vivre tout le drame cosmique dans nos intimes profondeurs.

On est étonné lorsqu'on contemple dans le monde causal toutes les tortures par lesquelles passe le Seigneur de Perfection.

Dans le monde causal, le Christ secret passe par toutes les indicibles amertumes de son Chemin de Croix.

Indubitablement, Pilate se lave les mains et se justifie, mais à la fin il condamne l'Adorable à la mort par la croix.

La montée au Calvaire se révèle extraordinaire pour l'initié clairvoyant.

Indubitablement, la conscience solaire intégrée avec le Christ Intime, crucifiée sur la croix majestueuse du Calvaire, prononce des phrases terribles qu'il n'est pas possible aux êtres humains de comprendre.

La phrase finale : *« Mon Père, dans tes mains je remets mon Esprit »*, est suivie d'éclairs et de tonnerres, et de grands cataclysmes.

Postérieurement, le Christ intime, après avoir été décloué, est déposé dans le Saint-Sépulcre.

Au moyen de la mort, le Christ Intime tue la mort. Longtemps après, le Christ Intime doit ressusciter en nous.

Incontestablement, la résurrection Christique vient nous transformer radicalement.

N'importe quel Maître Ressuscité possède des pouvoirs extraordinaires sur le feu, l'air, les eaux et la terre.

Indubitablement, les Maîtres ressuscités acquièrent l'immortalité, non seulement psychologique mais aussi corporelle.

Jésus, le Grand Kabire, vit encore avec le même corps physique qu'il a eu en Terre Sainte. Le Comte de Saint-Germain qui transmutait le plomb en or et faisait des diamants de la meilleure qualité aux XVe, XVIe, XVIIe et XVIIIe siècles, vit encore aujourd'hui.

L'énigmatique et puissant Comte Cagliostro qui a tellement étonné l'Europe avec ses pouvoirs durant les XVIe, XVIIe et XVIIIe siècles, est un Maître Ressuscité et il conserve encore le même corps physique.

# 28. Le Surhomme

Un ancien manuscrit d'Anahuac dit : « *Les Dieux ont créé les hommes en bois et après les avoir créés, ils les ont fusionnés avec la divinité* » ; puis est aussitôt ajouté : « *Pas tous les hommes n'obtiennent de s'intégrer avec la divinité.* »

Indéniablement, il faut tout d'abord créer l'homme avant de pouvoir l'intégrer au réel.

L'animal intellectuel, erronément appelé homme, n'est en aucune manière un homme.

Si nous comparons l'homme avec l'animal intellectuel nous pourrons alors constater par nous-mêmes le fait concret que bien que l'animal intellectuel ressemble physiquement à l'homme, psychologiquement il est absolument différent.

Malheureusement, les gens font fausse route, ils croient être des hommes, ils se qualifient comme tels.

Nous avons toujours cru que « l'homme » est le roi de la création ; jusqu'à présent l'animal intellectuel n'a pas démontré qu'il est ne serait-ce que le roi de lui-même ; s'il n'est pas le roi de ses propres processus psychologiques, s'il ne peut pas les diriger à volonté, moins encore pourra-t-il gouverner la nature.

En aucune façon ne pourrions-nous accepter de voir l'homme converti en esclave, incapable de se gouverner lui-même et devenu un jouet des forces bestiales de la nature.

On est roi de l'univers ou on ne l'est pas ; en dernière analyse, le fait que l'animal intellectuel n'a pas encore atteint l'état d'homme est incontestablement démontré.

Le soleil a déposé dans les glandes sexuelles de l'animal intellectuel les germes de l'homme.

Évidemment, de tels germes peuvent se développer ou se perdre définitivement.

Si nous voulons que ces germes se développent, il devient indispensable de coopérer avec l'effort que le soleil est en train de faire pour créer des hommes.

L'homme légitime doit travailler intensément avec le dessein évident d'éliminer de lui-même les éléments indésirables qu'il charrie dans son intérieur.

Si l'homme réel n'éliminait pas de lui-même de tels éléments, il échouerait lamentablement ; il deviendrait un avorton de la Mère Cosmique, un échec.

L'homme qui travaille sérieusement sur lui-même en vue d'éveiller la conscience, pourra s'intégrer au divin.

Ostensiblement, l'homme solaire intégré dans la divinité devient de fait et par droit propre un Surhomme.

Ce n'est pas si facile d'arriver au Surhomme.

Indubitablement, le chemin qui conduit au Surhomme est au-delà du bien et du mal.

Une chose est bonne lorsqu'elle nous convient et mauvaise quand elle ne nous convient pas. Au milieu des cadences de la poésie se cache aussi le délit. Il y a beaucoup de vertu chez le méchant et beaucoup de méchanceté chez le vertueux.

Le chemin qui conduit au Surhomme est le Sentier du fil du Rasoir ; ce sentier est plein de dangers au-dedans et au-dehors.

Le mal est dangereux, le bien aussi est dangereux. L'épouvantable chemin est au-delà du bien et du mal, il est terriblement cruel.

N'importe quel code de morale peut nous arrêter dans notre marche vers le Surhomme. L'attachement à tels ou tels souvenirs, à telles ou telles scènes peut nous arrêter sur le chemin qui conduit jusqu'au Surhomme.

Les normes, les procédés, si sages qu'ils soient, s'ils se trouvent empêtrés dans quelque fanatisme, dans quelque préjugé ou dans quelque concept, peuvent nous faire obstacle dans le progrès vers le Surhomme.

Le Surhomme connaît le bon de ce qui est mauvais et le mauvais de ce qui est bon ; il empoigne l'épée de la justice cosmique et il est au-delà du bien et du mal.

Le Surhomme, ayant liquidé de lui-même toutes les valeurs, bonnes et mauvaises, est devenu quelque chose que personne ne comprend, il est la foudre, il est la flamme de l'esprit universel de vie resplendissant dans le visage d'un Moïse.

À chaque halte du chemin, quelque anachorète présente des offrandes au Surhomme, mais celui-ci continue son chemin au-delà des bonnes intentions des anachorètes.

Ce que les gens disent sous le portique sacré des temples est très beau, mais le Surhomme est au-delà des phrases pieuses des gens.

Le Surhomme est la foudre et sa parole est le tonnerre qui désintègre les pouvoirs du bien et du mal.

Le Surhomme resplendit dans les ténèbres, mais les ténèbres détestent le Surhomme.

Les foules qualifient le Surhomme de pervers parce qu'il n'entre pas dans leurs dogmes indiscutables, ni dans les phrases pieuses, ni dans la saine morale des hommes sérieux.

Les gens abhorrent le Surhomme et le crucifient entre des criminels parce qu'ils ne le comprennent pas, parce qu'ils le jugent selon leurs préjugés, le regardant à travers la lentille psychologique de cela que l'on croit saint, bien que ce soit pernicieux.

Le Surhomme est comme la foudre qui tombe sur les pervers ou comme l'éclat de quelque chose qu'on ne comprend pas et qui se perd ensuite dans le mystère.

Le Surhomme n'est ni saint ni pervers, il est au-delà de la sainteté et de la perversité ; cependant les gens le qualifient de saint ou pervers.

Le Surhomme brille un moment dans les ténèbres de ce monde puis il disparaît pour toujours.

Dans le Surhomme resplendit ardemment le Christ Rouge, le Christ Révolutionnaire, le Seigneur de la Grande Rébellion.

# 29. Le Saint-Graal

Le Saint-Graal resplendit dans la nuit profonde de tous les âges. Les Chevaliers du Moyen-Âge, à l'époque des Croisades, ont cherché inutilement le Saint-Graal en Terre Sainte ; ils ne l'ont pas trouvé.

Lorsqu'Abraham, le Prophète, rentrait de la guerre contre les rois de Sodome et de Gomorrhe, on dit qu'il rencontra Melchisédech, le Génie de la Terre. Certainement, ce Grand Être habitait dans une forteresse située exactement à l'endroit où plus tard fut édifiée Jérusalem, la ville chérie des Prophètes.

Elle dit, la légende des siècles, et les divins et les humains le savent, qu'Abraham a célébré l'Onction Gnostique avec le partage du pain et du vin en présence de Melchisédech.

Il n'est pas superflu d'affirmer qu'Abraham a offert alors à Melchisédech la dîme et les prémices tel qu'il est écrit dans le Livre de la Loi.

Abraham a reçu des mains de Melchisédech le Saint-Graal ; longtemps plus tard, cette coupe fut apportée au temple de Jérusalem.

Il n'y a pas de doute que la Reine de Saba servit de médiatrice pour la circonstance. Elle se présenta devant le Roi Salomon avec le Saint-Graal et après l'avoir soumis à de rigoureuses épreuves elle lui remit le joyau si précieux.

Le Grand Kabire Jésus a bu dans ce vase lors de la cérémonie sacrée de la dernière cène, tel qu'il est écrit dans les Quatre Évangiles.

Joseph d'Arimathie a rempli le Calice avec le sang qui s'écoulait des plaies de l'Adorable sur le Mont du Crâne.

Quand la police Romaine fouilla la demeure du Sénateur, elle ne trouva pas ce précieux joyau.

Le Sénateur Romain avait non seulement caché le si précieux joyau, mais en outre, il gardait sous terre avec celui-ci la lance de Longin avec laquelle le centurion Romain avait transpercé le flanc du Seigneur.

Joseph d'Arimathie fut enfermé dans une horrible prison, pour n'avoir pas voulu rendre le Saint-Graal.

Lorsque le Sénateur sortit de prison, il partit pour Rome en emportant le Saint-Graal.

En arrivant à Rome, Joseph d'Arimathie rencontra la persécution de Néron contre les Chrétiens et il s'en alla sur les bords de la Méditerranée.

Une nuit, un ange lui apparut en rêve lui disant : *« Ce Calice a un grand pouvoir, parce que dedans se trouve le sang du Rédempteur du Monde. »*

Joseph d'Arimathie, obéissant aux ordres de l'Ange enterra le Calice dans un Temple situé à Montserrat en Catalogne (Espagne).

Avec le temps, ce Calice devint invisible de même que le temple et une partie de la montagne.

Le Saint-Graal est le Vase d'Hermès, la Coupe de Salomon, l'urne précieuse de tous les temples de mystères.

Dans l'arche d'Alliance, le Saint-Graal était toujours présent, sous l'aspect d'une coupe ou « Gomor », dans laquelle se trouvait la manne du désert.

Le Saint-Graal allégorise de manière puissante la Yoni féminine ; dans cette sainte coupe il y a le nectar de l'immortalité, le Soma des mystiques, le suprême breuvage des Dieux Saints.

Le Christ Rouge boit du Saint-Graal à l'heure suprême de la Christification, ainsi est-il écrit dans l'Évangile du Seigneur.

Le Saint-Graal est toujours présent sur l'autel du temple. Évidemment le Sacerdote doit boire le vin de la lumière dans la coupe sainte.

Il serait absurde de supposer un temple de mystères où serait absente la coupe bénie de tous les âges.

Cela nous rappelle Guenièvre, la Reine des Djinns (Jinas), celle qui présentait à Lancelot le vin dans les coupes délicieuses de Sukra et de Manti.

Les Dieux immortels se nourrissent de la boisson contenue dans la coupe sainte ; ceux qui haïssent la coupe bénie, blasphèment contre le Saint-Esprit.

Le Surhomme doit s'alimenter du nectar de l'immortalité contenu dans le calice divin du temple.

La transmutation de l'énergie créatrice est fondamentale si l'on veut boire dans le Vase Saint.

Le Christ Rouge, toujours révolutionnaire, toujours rebelle, toujours héroïque, toujours triomphant, boit en l'honneur des Dieux dans le calice d'or.

Levez bien votre coupe, et gardez-vous de ne verser ne serait-ce qu'une seule goutte du précieux vin.

Rappelez-vous que notre devise est Thelema (Volonté).

Du fond du calice, image symbolique de l'organe sexuel féminin, jaillissent des flammes qui resplendissent sur le front incandescent du Surhomme.

Les Dieux ineffables de toutes les galaxies boivent toujours la boisson de l'immortalité dans le calice éternel.

Le froid lunaire produit des involutions dans le temps ; il est nécessaire de boire le vin sacré de la lumière dans le vase saint de l'Alchimie.

La pourpre des rois sacrés, la couronne royale et l'or flamboyant sont seulement pour le Christ Rouge.

Le Seigneur de la Foudre et du Tonnerre empoigne dans sa dextre le Saint-Graal et boit le vin d'or pour se nourrir.

Ceux qui renversent la Coupe d'Hermès durant l'accouplement chimique deviennent, en fait, des créatures infra-humaines du sous-monde.

Tout ce que nous avons écrit ici est amplement développé dans mon livre intitulé « Le mariage parfait ».

SAMAËL AUN WEOR

www.ingramcontent.com/pod-product-compliance
Ingram Content Group UK Ltd.
Pitfield, Milton Keynes, MK11 3LW, UK
UKHW021914190726
13853UKWH00002B/664

9 798585 363436